Herderbücherei
»Texte zum Nachdenken«

Herausgegeben von
Gertrude und Thomas Sartory

Band 763

»Texte zum Nachdenken«

In den Büchern der Menschheit ist eine Fülle von Texten zu finden, die das Bewußtsein weiten und verändern, die Seele wandeln. Vorausgesetzt, man liest diese Texte wieder und wieder, läßt sie immer tiefer eindringen in Geist und Herz. Hier trennt nicht die Fremde der Zeit oder die Ferne der Kontinente, denn in tieferen Schichten der Seele sind alle Menschen einander verwandt.

Gertrude und Thomas Sartory geben in der Herderbücherei solche »Texte zum Nachdenken« heraus: Worte von Dichtern und Denkern, Heiligen und Weisen. In jedem Band (sechs pro Jahr) kommt eine andere Gestalt oder Tradition zu Wort, jeweils unter einer Fragestellung, die uns heute bewegt.

Schon die schöne Gestaltung jedes Bandes lädt zum verweilenden Lesen ein. Dennoch sind diese kleinen Kostbarkeiten zum Bedenken und Verschenken zum Normalpreis eines Taschenbuchs zu haben.

Die Herausgeber

Gertrude Sartory, Dr. iur. can., 1923 in Hamm geboren.

Thomas Sartory, Dr. theol. habil., 1925 in Aachen geboren.

Beide Freie Schriftsteller und Mitarbeiter an verschiedenen Rundfunkanstalten.

Anschrift: D–8301 Niederaichbach bei Landshut

LEBENSHILFE AUS DER WÜSTE

Die alten Mönchsväter als Therapeuten

Ausgewählt und eingeleitet von
Gertrude und Thomas Sartory

Herderbücherei

1. Auflage März 1980
2. Auflage Juni 1981
3. Auflage Januar 1983
4. Auflage März 1985
5. Auflage Mai 1987

Originalausgabe
erstmals veröffentlicht als Herder-Taschenbuch
Buchumschlag: Willy Kretzer

Alle Rechte vorbehalten – Printed in Germany
© Verlag Herder Freiburg im Breisgau 1980
Herder · Freiburg · Basel · Wien
Gesetzt in der Times-Antiqua (Monophoto)
Gesamtherstellung:
Offizin Herder in Freiburg im Breisgau 1987
ISBN 3-451-07763-9

INHALT

Hinführung zu den Texten   7

Zu dieser Auswahl   32

Abbas Rufos
Herzensruhe ist die Mutter aller Tugenden   35

Amma Synkletika
Das göttliche Feuer entfachen
mit Tränen und Mühen   69

Abbas Antonius
Keiner kann unversucht
ins Himmelreich eingehen.   101

Abbas Poemen
Du bist schon einige Jahre im Grabe..   125

Abbas Antonius
Gewinnen wir den Bruder,
so gewinnen wir Gott.   141

Epilog Gottes Freunde   159

Runde anderthalb Jahrtausende trennen uns von jener Zeit, in der die »Apophtegmata Patrum« niedergeschrieben worden sind – jene »Aussprüche der heiligen Väter«, denen die Auswahl dieses Bändchens entnommen ist. Diese »Apophtegmata« oder »Vätersprüche« (wie wir sie der Kürze halber nennen wollen) gehören zum Urgestein der christlichen Überlieferung. Jahrhundert um Jahrhundert wurden sie immer wieder gelesen, abgeschrieben, weitergegeben, von neuem meditiert, befolgt und erprobt. Christliche Spiritualität hat in ihnen ihren authentischen Ausdruck gefunden, denn nicht Theologie ist ihr Inhalt, sondern das Leben, das Ringen der Seele, der Kampf des Herzens, das nie endende Abenteuer des Weges zu Gott. in der Welt, in der diese Überlieferungen entstanden sind, zählt überhaupt nichts anderes als dieses Abenteuer. Es ist die Welt der Wüste: »wüst und leer« – fernab von den Städten der ausgehenden Antike mit den Finessen ihrer hochgezüchteten Zivilisation, mit ihrer überfeinerten Kultur, ihrem heiteren oder auch dekadenten Lebensgenuß. Noch einmal sollte das rätselhafte Ägypten etwas Neues, so noch nicht Dagewesenes gebären: das christliche Mönchtum in seiner frühesten Gestalt, wie die Generation der »Wüstenväter« es gleichsam unter himmlischer Inspiration entdeckt und urbildlich dargelebt hat.

Ägypten ist die Wiege des christlichen Mönchtums. Zu Hunderten, schließlich Tausenden ziehen Gottbegeisterte, Männer wie Frauen, hinaus in die Wüste: in die oberägyptische Thebais, in Unterägypten nach Nitrien oder in die Sketis (die sketische Wüste ist das eigentliche Stammland der Apophtegmen-Überlieferung). Die einen leben als Ein-Siedler: entweder völlig allein, ganz auf sich gestellt, oder in kleinen Eremitenkolonien. Andere wählen anstelle solcher Einsamkeit das religiöse

Gemeinschaftsleben zum Hauptinstrument ihres spirituellen Lebens und bilden die ersten Klöster der christlichen Geschichte. Die Bewegung springt von Ägypten zum Vorderen Orient über, breitet sich über den Sinai nach Palästina, Syrien und bis nach Mesopotamien hin aus; schließlich zündet der Funke auch im Abendland. Aber überall bleibt man sich bewußt, daß Ägypten die Ur-Zelle war und das Ur-sprüngliche hier am reinsten gelebt worden ist. Darum kommen sie von weit her, Mönche und andere fromme Pilger, Männer wie Frauen – sie kommen aus Palästina und Syrien, aus der Hauptstadt zu Byzanz oder Rom, aus dem übrigen Italien, aus Südfrankreich, sie kommen, um das Leben der Mönche in Ägypten kennenzulernen. Einige Früchte dieser Pilgerfahren sind uns erhalten geblieben: Reise- und Erlebnisberichte, in denen Episoden und Aussprüche aus dem Leben der Wüstenväter (was man selbst erlebt oder doch erzählt bekommen hat) festgehalten und so der Nachwelt überliefert worden sind. Einige wichtige Zeugnisse dieser Art sind bereits um das Jahr 400 entstanden: die »Geschichte der Mönche in Ägypten«, deren Autor entweder Timotheus von Alexandrien oder Rufinus von Aquileja ist (je nachdem, ob die griechische oder die lateinische Version das Originalwerk darstellt), die »Historia Lausiaca« des Palladius und der ägyptische Reisebericht des Postumianus in den »Dialogen« des Sulpicius Severus[1]. Vor allem ist hier aber Johannes Kassian zu nennen, der sich über zehn Jahre lang bei den Mönchen Ägyptens aufgehalten hatte; zwei Bücher hat er darüber geschrieben, das eine über die »Einrichtungen« der ägyptischen Klöster, mit einem recht genauen Einblick in das äußere und innere Leben dieser altchristlichen Mönchsgemeinschaften – in dem anderen beschreibt Kassian seine »Unterredungen« mit berühmten ägyptischen Altvätern. Durch diese beiden Werke hat Kassian auf seine Weise die Spiritualität der Wüstenväter der Kirche des Westens vermittelt und ist dadurch zu einer Schlüsselgestalt der abendländischen Frömmigkeitsgeschichte geworden. Der Heilige Benedikt, der große Mönchsvater der abendländischen Christenheit, fußt ganz auf Kassian, den er ausgiebig zitiert und ausschreibt.

Eine andere Art der Überlieferung, als wir sie bei Timotheus/Rufinus, bei Palladius, Sulpicius Severus und vor allem bei Kassian finden, haben wir in den Apophtegmata vor uns. Kein Autor zeichnet für sie verantwortlich, kein geistlicher Schriftsteller hat hier aus vorhandenem Überlieferungsmaterial nach eigener Konzeption ein literarisches Werk verfaßt. Diese Vätersprüche spiegeln vielmehr die unter den Mönchen Ägyptens umlaufenden Traditionen in ihrer noch unliterarischen Gestalt: eine mündliche Überlieferung im Grunde, die zwar schriftlich fixiert worden ist, jedoch ohne schriftstellerische Durchformung und Gestaltung. Ähnlich haben wir uns die Spruchsammlungen zu denken, die die Vorläufer der neutestamentlichen Evangelien gewesen sind.

Die Apophtegmata bieten uns also die Überlieferungen der Wüstenväter gleichsam in ihrem Rohzustand dar – eine Quelle ersten Ranges, wie sie authentischer nicht sein könnte. Das Spruchmaterial geht zum Teil bis tief ins vierte Jahrhundert zurück; die ältesten Sammlungen dürften aufs fünfte Jahrhundert zu datieren sein. Benedikt muß eine davon gekannt haben, da er sie zitiert. Die Fülle der Handschriften und Unterschiedlichkeit ihrer Typen, je nachdem, wie man das überlieferte Spruchmaterial angeordnet hatte (alphabetisch nach dem Namen der zitierten Altväter oder inhaltlich nach bestimmten Themengruppen), läßt auf eine ungeheure Verbreitung der Apophtegmata in der Kirche des Ostens wie des Westens schließen[2].

Warum geben nun aber gerade die Apophtegmata den Titel für die Überlieferungen der Wüstenväter? *Apophtegmata* heißt wörtlich »Aussprüche« – gemeint sind die Aussprüche der ägyptischen Altväter. Und tatsächlich geht es bei all unseren Texten letztlich immer um einen solchen *Väterspruch*. Das erzählerische Moment fehlt nicht völlig, hat aber dienende Funktion: eine bestimmte Situation wird erhellt, soweit man sie kennen muß, um den jeweiligen Spruch zu verstehen. Denn dieser ist nicht selten von lapidarer Kürze: knapp – und um so genauer treffend. Wir sind hier in einer Welt, in der Wortkargheit als Tugend gilt, wo Einsamkeit und Schweigen zu den wichtigsten Instrumenten des geistlichen Fortschreitens gezählt werden, wo darum schon ein einziges Wort die Seele aufs tiefste be-eindrucken kann. Ein erleuchtetes Wort, ein erleuchtendes – wenn eben ein »Abbas«, ein »Altvater«, es spricht, oder eine »Amma«, denn auch »Wüstenmütter« sind in den Apophtegmata vertreten.

Abbas (unser deutsches Wort Abt) bezeichnet hier noch nicht den Klostervorsteher, obwohl auch der Abbas genannt wird. Abbas ist einfach der geistliche Vater, der Meister; oft wird er auch einfach »der Alte« oder »der Greis« genannt – nicht erstlich, um auf ein besonders hohes Lebensalter anzuspielen, sondern wegen seines Vorsprungs an Lebenserfahrung und geistig-geistlichem Unterscheidungsvermögen. Fast überall auf der Welt wird der Meister, der die Seelen leitet, sie spirituell führt, mit einem Titel benannt, der wörtlich übersetzt nichts anderes bedeutet als »alter Mann«. Natürlich wurde nicht jeder Mönch in den Wüsten Ägyptens mit fortschreitendem Lebensalter zu einem »Altvater« in diesem Sinn. Abbas deutet auf einen hohen spirituellen Rang, einen höchst seltenen. Und es galt auch nicht als Sache der Mönche, darüber zu befinden oder abzustimmen, wem dieser Rang zuzuerkennen sei. Wer ein Abbas ist – – – das wird sich erweisen. Denn hier geht es um eine innere Qualität, eine geistliche, charismatische. Der Abbas ist Geist-Träger, ein vom Pneuma Gottes, vom Geiste Gottes, Erfüllter. Und diese innere, zunächst einmal unsichtbare Qualität kann sich äußern, kann zutage treten, augenscheinlich werden. Dann, wenn dem Geist-Träger das geisterfüllte Wort gegeben wird! Das *Wort* ist es, das den Altvater als Altvater kenntlich macht.

Mit Redegewandtheit hat das nichts zu tun. Nicht einmal mit der Sprachgewalt eines erleuchteten Weisen. Der Abbas verkündet keine Lehren. Aber wenn ein suchender, ein ringender Mensch mit einer Frage zu ihm kommt, dann kann es geschehen, daß dem Altvater das weisende, zurechtrichtende Wort geschenkt wird. Dann spricht er. »Immer handelt es sich um eine erbetene Rede. Unaufgefordert sprechen die Väter nicht.«[3] Er kann das Wort nicht »ergreifen«, es ist ihm nicht verfügbar: es stellt sich in ihm ein. Oder es stellt sich eben nicht ein. Dann schweigt er.

»Ein Bruder kam zum Altvater Ammoes, um von ihm einen Spruch zu erbitten. Er blieb bei ihm sieben Tage, aber der Greis gab ihm keine Antwort. Als er ihn fortschickte, sagte er zu ihm: ›Geh und habe selber auf dich Acht! Denn zur Zeit sind meine Sünden eine finstere Wand zwischen mir und Gott‹« (Is 59,2). (133)

Die Apophtegmata sind also nicht irgendwelche Aussprüche, sondern konkret adressierte Zusprüche. Oft kommt der um Weisung Bittende nicht mit einer bestimmten Frage, einem besonderen Problem, sondern bittet einfach: Vater, gib mir ein Wort. Aber auch dann ist der Zuspruch des Abbas (der als Geist-Träger das Charisma der Herzensschau hat) genau auf die innere Situation des Bittenden bezogen – keine allgemeine Maxime geistlichen Lebens. Das müssen wir auch bei jenen Worten beachten, deren Ant-Wort-Charakter nicht so offenkundig ist, weil die vorausgehende Frage nicht mitüberliefert wurde. Im Zuge der mündlichen Überlieferung solcher Vätersprüche blieb nicht selten nur der Kernsatz des Zuspruchs erhalten, was aber an seinem höchst individuellen Zuspruchscharakter nichts ändert.

Und das müssen wir auch bei den hier abgedruckten Texten immer im Auge haben. Dann stoßen wir uns nicht an dem manchmal provokativen Ton und wundern uns nicht, wenn einer dieser weisen Väter nicht selten ein Wort von sich gibt, das sich höchst extrem anhört, übertrieben und einseitig. Hier werden nun einmal nicht »Wahrheiten für jederman« ausgesprochen. Einem bestimmten Menschen in einer bestimmten Situation ist das Wort zugedacht, als Stachel, der ihn anreizen soll, das für ihn im Augenblick Notwendige zu tun – und zwar ab sofort, »heute, heute, nur nicht morgen!«.

Es geht um die konkrete und dringliche Wahrheit für den, der gefragt hat. Was freilich nicht notwendig bedeutet, daß das ihm zugesprochene Wort allein und ausschließlich für ihn gültig ist. Denn seine augenblickliche innere Situation kann ja durchaus eine typische sein; seine seelischen Nöte sind vielleicht derart, wie viele andere sie auch durchmachen; möglicherweise ist seine derzeitige Ratlosigkeit und Mutlosigkeit völlig »natürlich«, nämlich charakteristisch für eine bestimmte Stufe der spirituellen Entwicklung. Wir können uns darauf verlassen, daß nur solche Vätersprüche im Gedächtnis haften blieben und von Mund zu Mund weitergegeben wurden, die auch bei anderen genau ins Schwarze trafen. Was niemanden mehr ansprach und niemanden mehr anging, wurde ausgesiebt. Hängen blieben im Netz der Tradition nur die immer noch wirksamen Worte. Deren Wirkkraft wir freilich beim ersten Lesen oft noch gar nicht zu spüren bekommen!

»Die uns ungewohnte Eigenart der Vätersprüche verlangt eine besondere Art des Umgangs. Ihre Aussage ›begreift‹ man nicht, man ›erfährt‹ sie. Das aber erfordert einen langen Atem der Seele. Denn neben den Sprüchen, die gleich beim ersten Lesen eingehen, stehen viele, die uns anfangs unverständlich scheinen, zu anspruchsvoll oder in ihrer Verschlossenheit schwer zugänglich. Immer erneutes umkreisendes Bemühen, mit Pausen wohl über lange Zeit hinweg, kann uns solche Sprüche allmählich aufschließen, auf die wir erst zuleben müssen. Darum werden manche unmittelbar in uns eingehen, für andere finden wir erst nach einer längeren Zeit des Umgangs den rechten Ort in unserm Lebensgefüge. Da sie nicht die Zerstreuung einer breiten Vielfalt bieten, sondern die Sammlung auf die Tiefe einer neuen Dimension verlangen, leuchten sie nicht sogleich auf, sondern erst nach einer gewissen Zeit, auch nicht auf der Oberfläche, sondern in tieferen Räumen unseres Wesens.«[4]

Oder hat *unser* Wesen möglicherweise keine »tieferen Räume«, in denen solche Vätersprüche – wenn auch vielleicht erst nach langer Zeit – zum Aufstrahlen gelangen könnten? Undenkbar, daß einer Menschenseele diese Tiefendimension völlig fehlt. Sie kann verschüttet sein, gewiß, aber *da* ist sie, bei jedem Menschen. Diese rätselhafte Tiefe, so unauslotbar, daß wir als Menschen nicht mit eigenen Worten, sondern nur mit offenbarten Worten davon sprechen können – mit den Worten des biblischen Schöpfungsberichtes: »Gott sprach: Laßt uns den Menschen machen nach unserem Bilde, uns ähnlich.« Weshalb kein Gut dieser Welt und dieser Zeit den Menschen letztlich befriedigen, seine Sehnsucht gänzlich stillen kann – ist er doch auf Göttliches, auf das Ewige hin gemacht!

Aber vielleicht gibt es andere Barrieren, so daß man selbst nach längerer Zeit des Umgangs mit den Vätersprüchen »den rechten Ort im eigenen Lebensgefüge« für sie nicht finden kann. Wir leben in einer völlig anderen Welt als die Menschen des ausgehenden Altertums: anderthalb Jahrtausende liegen dazwischen. Außerdem waren jene Wüstenleute Mönche. Ihr Ethos des Weltverzichts ist nicht das unsere: dieser Kampf um vollständige Enthaltung von allem Geschlechtlichen, um Selbstbescheidung zu einem Leben in äußerster Kargheit und Bedürfnislosigkeit, um stete und behende Unterordnung des eigenen Willens. Eine monastische Lebensform eben – nicht »die christliche« schlechthin. Oder sollte sie einen letzten Kern haben, der jeden Christen angeht, der es ernst meint? Und der ernst machen möchte? Wir werden sehen. Am meisten irritieren uns zunächst einmal die Texte, nach denen die *Weltflucht* des Asketen geradezu zu einer Art von *Menschenflucht* wird.

»Als der Altvater Arsenios noch im Palast (des Kaisers) weilte, betete er zu Gott: ›Herr, zeige mir einen Weg, wie ich Rettung finde!‹ Und es kam eine Stimme zu ihm, die sprach: ›Arsenios, fliehe die Menschen, und du wirst gerettet werden.‹« (39)

Arsenios, der zu einer Leuchte unter den Wüstenvätern werden sollte und den man darum »Arsenios den Großen« nennt, hatte eine bedeutsame Stellung am kaiserlichen Hof zu Konstantinopel inne. Kaiser Theodosius berief den hochgebildeten Mann, der 354 aus römischem Senatorengeschlecht geboren worden ist, zum Erzieher seiner Söhne. Warum aber soll er fortan »die Menschen fliehen«, so er gerettet werden will? Nun: die Üppigkeit des Luxus, die Infamie der Intrigen, das ganze dekadente Milieu einer solchen Hofgesellschaft: das alles war zweifellos einem nach innen konzentrierten Leben nicht förderlich. Aber Arsenios floh, wie sich zeigen sollte, nicht nur die oberflächlich dahinlebende weltliche Gesellschaft. Er wollte auch nicht in Gemeinschaft mit anderen Mönchen leben. Er wurde zum Wüstereremiten.

»Der Altvater Markos fragte den Arsenios: ›Warum fliehst du uns?‹ Der Greis antwortete ihm: ›Gott weiß, daß ich euch liebe! Aber ich kann nicht zugleich bei Gott und bei den Menschen sein. Die Tausende und Zehntausende oben haben einen einzigen Willen, die Menschen aber viele Willensneigungen. Ich kann also nicht Gott verlassen und zu den Menschen kommen.‹« (51)

Da haben wir nun einen dieser Vätersprüche, die in ihrer lapidaren Verkürzung einseitig, übertrieben, unausgewogen wirken. Dann nämlich, wenn man sie wie allgemein gültige Maximen des geistlichen Lebens liest! Man kann doch gerade dadurch »bei Gott« sein, weil man »bei den Menschen« ist – und: wer den Bruder gewinnt, gewinnt Gott (wie die Sprüche unseres letzten Kapitels verdeutlichen). Dennoch gibt es auch, wenigstens von Zeit zu Zeit, eine innere Notwendigkeit, sich zurückzuziehen, auch von den Menschen, um das ganze Wesen – *Denken*, *Fühlen*, *Wollen* – auf Gott hin zu sammeln. Nicht nur das Denken, worauf alle Meditation zielt, sondern, wie es dieser Väterspruch besagt, auch das Wollen. »Die Tausende und Zehntausende oben« – das sind die himmlischen Heerscharen, die Engelsmächte, nach christlicher Überlieferung Geistwesen von einer so urgewaltigen Kraft des Denkens und Wollens, wie menschliche Wesen sie sich nicht einmal vorzustellen vermögen. Und dennoch: sie alle da oben haben einen einzigen Willen. Den göttlichen Willen! In diesen einen einzigen Willen mit dem eigenen Willen restlos einzuschwingen: das ist die Sehnsucht des Arsenios. Schon zu Lebzeiten in diesen göttlichen Willen gleichsam hinüberzusterben, das ganze Wesen in die Anbetung hinein zu verströmen, das Leben der Engel schon hier auf Erden zu leben – das »engelgleiche Leben«, wie man es nannte – galt als die höchste Frucht des Wüstenlebens.

Arsenios lebt bereits als Einsiedler in der Wüste, als er noch einmal die Stimme hört: »Arsenios, fliehe, schweige, ruhe!« (54) Die Ruhe, die Hesychia, ist das Geschenk der Wüste. Mit „Herzens-ruhe" wird Hesychia in unseren Texten übersetzt. Das könnte an die gefühlige Sprache der Pietisten erinnern, hat damit aber nichts zu tun. Gemeint ist das Aufhören der Bewegung (der unruhvollen Eigenbewegungen von Gedanken, Gefühlen, Willensstrebungen), wenn und weil das Ziel aller Bewegung erreicht ist. Wie eine Brieftaube still sitzt und ihre Ruhe genießt, wenn sie nach angestrengtem pfeilschnellem Flug den heimatlichen Schlag erreicht hat! Hesychia ist die Ruhe des ganz in Gott Versenkten. Die Gedanken schweigen, wenn Erkennen sich vertieft zum Schauen. Alle Gefühle sind in wunderbarer konzentrischer Harmonie einem einzigen Mittelpunkt zugeordnet, und der eigene Wille, gekreuzigt, ist umgeschmolzen in das machtvolle Wollen dessen, was Gott will. Es ist, als wäre man schon gestorben, als hätte man den Tod bereits vorweggenommen, als wäre man längst hinübergegangen ins Leben der anderen Welt, in der alles Begehren gestillt, alle Sehnsucht erfüllt ist, die selige Ruhe begonnen hat.

Eigentlich sollte man nicht wagen, an diese Dinge, jenseits aller Sprache, mit einem Wort zu rühren. Die Väter wußten, warum sie so beharrlich von den himmlischen Dingen schwiegen, von ihren ekstatischen und mystischen Erlebnissen. Hier jedoch mußte wenigstens vage auf sie hingedeutet werden, um etwas von der geistig-geistlichen Dimension ahnen zu lassen, in der die so handgreifliche, strohtrockene Askese dieser Wüstenmönche angesiedelt ist.

Askese heißt »Übung«, »Training«, wie wir heute sagen würden. Durch konsequentes Üben kann man eine angestrebte Kondition erreichen. Das gilt nicht nur für den Sportler, das ist gültig auch im seelischen und geistlichen Leben. Kondition ist die erforderliche Verfassung, durch die man zu bestimmten Leistungen »tauglich« ist. Und um seelische und geistliche Tauglichkeiten geht es – wie schon das Wort besagt – bei den »*Tugenden*«. Wenn der Christenmensch auf Schritt und Tritt immer noch wie der »alte Adam« handelt und reagiert, so deshalb, weil er die rechte geistliche Kondition noch nicht erlangt hat und es ihm an den christlichen Tugenden gebricht.

»Einer sprach zum seligen Arsenios: ›Wie kommt es, daß wir (Menschen) von so hoher Bildung und Philosophie nichts haben, diese Landsleute und Ägypter dagegen so große Tugenden besitzen?‹ Der Altvater entgegnete ihm: ›Wir haben von der weltlichen Bildung nichts, aber die ägyptischen Landleute haben durch eigene Bemühung die Tugenden erworben.«« (43)

»Eigene Bemühung« – das steht nicht in Kontrast zu »durch *Gottes Gnade*«. Spätere Zeiten haben im Banne des lange währenden »Gnadenstreites« das nicht selten so verstanden. Die Wüstenväter hätten einer solchen Lesart völlig verständnislos gegenübergestanden. Für sie war nicht nur der Sieg Gnade, auch der Kampf. Daß einer überhaupt kämpfen will, daß Gott ihn so machtvoll anzieht, daß er gegen sein eigenes »*Fleisch*« (das heißt: gegen die Verderbnis in seiner Natur, gegen Sünde und aus Richtung und Maß ausgebrochene Leidenschaft) zu Felde zieht – das ist ja schon reinste Gnade. Gott schenkt auf eine Weise, durch die der Empfänger nicht zur Passivität verurteilt, sondern zu höchster geistig-seelischer Aktivität angereizt und befähigt wird. Nicht erst der Sieg ist geschenkt, sondern schon das Kämpfen. Das eigene Mühen wird von der Gnade hervorgelockt, durch die Gnade getragen, von der Gnade mit Erfolg gekrönt.

Leute von hoher Bildung, in den Weisheitslehren der Philosophen bewandert, wundern sich, daß ihnen diese »Ägypter« an Tugend so weit überlegen sind, und damit an Adel der Seele. Schließlich stammen diese Wüstenmönche weitgehend aus primitivsten Verhältnissen: die meisten sind arme ungebildete Fellachen, die nicht einmal die Kultursprachen der alten Welt beherrschen, die nur koptisch (neu-ägyptisch) sprechen und weder griechisch noch latein verstehen. Was sie vor den Gebildeten auszeichnet, ist, daß sie es mit dem Tun halten statt mit dem Reden, daß sie nicht viele Worte machen, sondern gleichsam die Ärmel hochkrempeln und mit der *Arbeit* beginnen. Mit der konsequenten Arbeit an sich selbst. Sie nennen mit Vorliebe ihre asketischen und spirituellen Bemühungen »Arbeit« und einen »gewaltigen Arbeiter« den, der besonders unnachgiebig gegen alles zu Felde zieht, was ihn von der Sammlung auf Gott abbringt.

Als einer den Altvater Johannes Kolobos fragte, was ein *Mönch* sei, wartete dieser nicht mit irgendeiner hochspirituellen Definition auf, sondern erklärte trocken: »Mühe! Denn der

Mönch müht sich ab in jedem Werk. So ist der Mönch!« (352) Aber ist das denn »spezifisch«? Nun: es dürfte schwerfallen, etwas spezifisch Mönchisches ausfindig zu machen, was nicht im Grunde – nimmt man das Neue Testament beim Wort – für jeden Christenmenschen gilt. Daher ja auch die Versuche, das eigentümlich Monastische in der Ebene des *Zeichens*, der Sichtbarmachung christlicher Existenz, anzusiedeln. Die äußerste Konsequenz, mit der »Christ werden« als der eigentliche Lebensberuf betrachtet wird, macht den Mönch zum Mönch. Aber gerade darin kann er nicht ein Christ sui generis, ein Christ ganz eigener Gattung, sein – sondern nur Vor-Bild, das zum Nachtun aneifert.

Wenn Mönch *Mühe* heißt – ja, dann kann man auch als Nicht-Mönch die den Mönchen zugesprochenen Apophtegmata lesen, bedenken, meditieren als etwas, das einen selbst unbedingt angeht. Gerade das nüchterne Pathos der Arbeit läßt von diesen Vätersprüchen eine Kraft der Ermutigung ausgehen, deren man in der Skepsis und Erschlaffung unserer Zeit besonders bedarf. Wer wagt schon zu glauben, »Menschen wie du und ich« würden tatsächlich nach der Bergpredigt leben können? Und wir können es wirklich nicht ––– solange wir sind, wie wir sind. Die Apophtegmata rechnen aufs kühnste damit, daß niemand so bleiben muß, wie er ist, daß er wandelbar ist, zu Höchstem berufen und (da der Rufende der All-Mächtige ist) ausgerüstet, soferne er konsequent übt, trainiert, was in ihm angelegt ist.

Askese also. Angestrengtes Üben. Der Methoden gibt es viele. Und hier ist nun tatsächlich ein Unterschied zwischen Mönch und Nichtmönch. Aber in dem, was angezielt ist, treffen sich die beiden wieder. Das wollten wir mit der Trennung der beiden ersten Kapitel zum Ausdruck bringen. Im ersten leuchtet das Ziel auf, die Tugend, im zweiten geht es um Trainingsmethoden, um verschiedene asketische Wege.

So ist zum Beispiel die buchstäbliche *Besitzlosigkeit* ein Werkzeug, um sich darin einzuüben, alles von Gott zu erwarten, sich ihm völlig auszuliefern, sich ihm ganz anzuvertrauen, ohne Rücksicherung und Absicherung – um so zu jener »Armut im

Geiste« zu kommen, der das »Himmelreich« zugesprochen ist.
Auch das *Kellion*, die Zelle, so zentral in der Askese der
Eremiten, ist nicht Selbstzweck, sondern Mittel zum Zweck: ein
asketisches Instrument, durch das der Mönch zu sich selbst
gebracht wird, zur Ruhe, zur Sammlung, zur Konzentration
aller seiner Wesenskräfte auf Gott. Ein einzigartiges Werkzeug
der »Herzensruhe« – jedoch nicht die Herzensruhe selbst. Auch
in der Einsamkeit des Kellion kann man von neidischen,
zornigen, aufsässigen, ärgerlichen Anwandlungen gepeinigt werden – und umgekehrt könnte man »mitten in der Stadt« im
geistigen Kellion der Herzensruhe verharren.

Vor allem am Beispiel des *Gehorsams* läßt sich die Verschie-
denheit der Methoden gut verdeutlichen. Ziel ist die Verschmel-
zung des menschlichen Willens mit dem göttlichen – bis man mit
Paulus sagen könnte: nicht mehr ich lebe, Christus lebt in mir!
In der Askese des Gehorsams sind verschiedene Wege möglich.
Im Kloster übt der Mönch die »Tötung« seines eigenen Willens
im Gehorsam gegen den Oberen ein. Aber auch der Eremit, der
außerhalb eines solchen hierarchischen Verbandes lebt, kann auf
ein vergleichbares Training nicht verzichten. So kommt der
Gedanke auf, er solle jedermann, mit dem er gerade zu tun hat,
wie einen Oberen behandeln – sich klein machen vor ihm, den
Willen des anderen über den eigenen stellen und dessen
Wünschen wie den Wünschen eines Höheren mit solch ehrfürch-
tiger Liebe nachkommen, daß alles gegenteilige Wünschen und
Wollen daneben völlig gewichtlos wird. Also nicht nur dem
»Vater« gehorchen, sondern auch dem »Bruder«. Auch Paulus
kennt einen Gehorsam, unabhängig von allen hierarchischen
Strukturen: »Ordnet euch einander unter in der Furcht Christi«
(Eph 5,21).

Für den Heiligen Franz von Assisi ist das der innere Nerv der
Armut: gering sein nicht nur vor Gott, sondern auch vor den
Menschen – sich jedem gegenüber als der Geringere zu erachten,
ihm zu Gehorsam verpflichtet. Ein »Minderbruder« eben! Es
gibt Erzählungen aus dem Leben des Poverello, da dreht sich uns
fast der Magen um, als würden wir mit etwas Krankhaftem
konfrontiert. Auch bei den Wüstenvätern werden wir manchmal

fragen: Ist das nicht pathologisch? Zweifellos hat es unter den Wüstenleuten allerlei seelische Katastrophen gegeben, psychische Zusammenbrüche, völlige Verhaltens-Entgleisungen. Ein Grund mehr, den Anfänger im geistlichen Leben unter die konsequente Führung eines Meisters zu stellen. Auch eine richtige Strebung kann aus der Bahn geraten. Eine Seelen-Kunde freilich, die ihre Kenntnisse vornehmlich von der kranken Psyche her gewinnt, spricht schließlich mehr von der Ent-Artung der Antriebe als von ihrer eigentlichen Art. Der Ur-Antrieb der Liebe etwa, sich geringer zu finden als den Geliebten, kann natürlich verschrobene, ja neurotische Züge gewinnen. Das beweist nichts gegen das schöne Recht des Liebenden, das geliebte Wesen »anzubeten«. Genausowenig wie die Ent-Artungen der Selbstbehauptung grundsätzlich diesen Naturtrieb aller Lebewesen um sein gutes Recht bringen.

Beide Strebungen wohnen der Seele inne, beide können sie entarten. Wir Heutigen fürchten mehr die psychischen Gefahren im Gefolge der *Selbst-Hingabe* und bauen partnerschaftliches Leben lieber von der beiderseitigen Selbstbehauptung her auf. Die Wüstenväter hielten Selbst-Behauptung für die stärkere Gefährdung der Seele und setzten darum ganz auf Selbst-Hingabe als Wurzel der Gemeinschaft. Kein Wunder – war für sie alle menschliche Liebe doch Experimentierfeld der göttlichen Liebe, vor der alle Bedenken der Selbst-Behauptung dahinschmelzen. Sogar ihr eigenes Denken und Urteilen wollten sie unterordnen. Freilich kannten und anerkannten auch sie jene Grenze, die in der gesamten christlichen Tradition immer scharf betont worden ist: Gottes Wahrheit – Gottes Gebot. Aber wie weit erstreckt sich das Tummelfeld menschlicher Urteile und Meinungen, persönlicher Vorhaben und Planungen diesseits dieser Grenze! Und hier wurde jedes Bestehen auf der eigenen Meinung als mangelnde Bescheidenheit, jedes Insistieren auf den eigenen Plänen als Eigen-Wille getadelt. Mehr als tausend Jahre später sollte der Heilige Franz von Sales in seiner »Philothea« so etwas wie ein Ethos der *Gefälligkeit* – dem anderen zu Gefallen handeln! – entwickeln. Etwas tun – einfach, weil's der andere so gern möchte, und dafür das, was man selbst wünscht, zurückstellen. Wie alltäglich! – und doch: welch ein Instrument, den eigenen Willen der Liebe gefügig zu machen.

»Die *Nachgiebigkeit*, dieses Kind der Liebe, macht gut, was an sich gleichgültig wäre, und macht erlaubt, was gefährlich ist. Sie kann sogar manchen Handlungen ihr Schlechtes nehmen, falls diese nur in bestimmter Hinsicht schlecht sind: so können z.B. Glücksspiele, die normalerweise zu verurteilen sind, durchaus angebracht sein – dann, wenn gerechtfertigte Nachgiebigkeit uns veranlaßt, mitzumachen.« (III/34)

Wir halten heute spontan Nachgiebigkeit für etwas eher Negatives, Schwächliches. Den eigenen Standpunkt furchtlos (und rücksichtslos) zu vertreten ist uns ein Gebot der Ehrlichkeit, der Wahrhaftigkeit. Wer immer den anderen gefällig sein will, erscheint uns rückgratlos. Und nicht selten ist das auch der Fall! Zweifellos gibt es eine Nachgiebigkeit aus purer Schwäche, weder der Sache noch dem jeweiligen Du gegenüber zu verantworten. Es gibt auch eine Nachgiebigkeit, die den Frieden nicht fördert, der eigenen Seele schadet und der des Bruders nicht nutzt – dann nämlich, wenn diese von *Neid* oder *Eifersucht* vergiftet ist. Dagegen ist offenbar nach Meinung der Väter nicht anzukommen. Hier raten sie sogar zur Flucht, obwohl sie sonst das Ausharren und Ausleiden für ein unverzichtbares Mittel der Askese halten. Nachgiebigkeit kann aber eben auch – die Geschichten aus dem Leben der Wüstenväter zeigen es ebenso wie die Apophtegmata – Ausdruck seelischer Stärke sein, Zeichen überlegener Weisheit, die das Unwesentliche nicht verwesentlicht, damit Wesentliches nicht verunwesentlicht werde.

Ein solch bereitwilliges Einander-gehorchen lähmt den Willen nicht, sondern befreit ihn. Was da abgetötet wird, ist nicht der eigentliche Tiefenwille, sondern der undiszipliniert hin- und herzuckende Oberflächenwille. Am Beispiel eines Süchtigen verdeutlicht: irgendwie »will« er heraus aus seiner Abhängigkeit, schon aus Selbsterhaltungstrieb. Dennoch wird er immer wieder rückfällig, denn was er will, will er nur halb. Daß er den Verzicht auf seine fatalen Tröster nicht elementar, aus der Tiefe seines

Wesens, wollen kann, macht seine Süchtigkeit aus. Ein wirkliches Wollen aus dem Kern der Person würde Wunder wirken, das Wunder Befreiung – aber genau darüber gebietet der Mensch nicht einfach. Er ist nicht »Herr seiner selbst«.

Die *Kreuzigung des Willens* ist nicht Selbstzweck, sie ist ein Werkzeug, um jenen unruhigen, ungebärdigen Oberflächenwillen zu disziplinieren, der den Menschen hindert, mit seinem ganzen Wesen in dem zu sein, was er Gutes will. Denn erst wenn diese oberflächigen hektischen Impulse zur Ruhe kommen, kann der bisher gelähmte Tiefenwille erwachen und in seiner ganzen Kraft regsam werden. Um das, was Gott will, mit dem ganzen Wesen zu wollen – um nichts anderes mehr zu wollen als das, was Gott will! Damit der Wille ganz in Gottes Willen einschwinge, mit ihm verschmelze.

Die Lähmung seines Tiefenwillens erlebt der Süchtige, der sich von seinem verhängnisvollen Drang auch dann nicht befreien kann, wenn er es »will«, aufs extremste. Aber auch jeder Nicht-Süchtige könnte sein Lied davon singen. Denn wer hätte nicht mit seinen *Leidenschaften* zu kämpfen? Dieser Kampf ist ein immer wiederkehrendes Thema in den Vätersprüchen. Wollen wir die Apophtegmata in diesem Punkt verstehen, dürfen wir sie – terminologisch – nicht auf die Goldwaage des Moralphilosophen oder Moralpsychologen legen. Hier in der Väterzeit sind wir noch weit entfernt von den exakten Definitionen und umfassenden Systematisierungen eines Heiligen Thomas von Aquin. Thomas hätte nie so ungeschützt von »den Leidenschaften« gesprochen, wenn er nur ihr Verhängnishaftes im Auge gehabt hätte. Was eine Seele spontan erregt und mit solcher Macht anzieht, daß der Mensch schon in Bewegung *gerät*, noch bevor er sich willentlich in Bewegung *gesetzt* hat – das können ja auch wahre Güter und größte Werte sein. Nicht nur der Zorn ist eine Leidenschaft, um ein Beispiel zu nennen – es gibt auch eine Leidenschaftskraft der Hoffnung. Und wenn sexuelles Begehren einen Menschen ganz überfluten kann, so offenbar die »Passion« des Verlangens nach Gott nicht minder (»wie ein Hirsch nach den Wasserquellen – – –«). In der kühnen Verwegenheit, mit der die Väter in die Wüste hinauszogen, verrät sich zweifellos jene Leidenschaftskraft, die die Größe, die Stärke einer Seele ausmacht.

Ist dagegen in den Apophtegmata von »Leidenschaften« die Rede, so ist immer Leidenschaft von der Art gemeint, die dem Menschen auf seinem Weg zu Gott täglich neue »Leiden schafft« – die ihn behindert auf Schritt und Tritt, wie eine Fußangel, so daß er nicht kraftvoll ausschreiten kann, so sehr er es sich auch ersehnt. Welche Demütigung für eine glühend nach Gott strebende Seele, sich immer wieder von neuem in den Fesseln der häßlichsten Begierden vorzufinden – einer *Ehrsucht* etwa, die bei Beleidigung förmlich nach Rache schnaubt, während das Herz doch alles tun »will«, was Jesus gebietet – und also auch die Feinde lieben. »Leidenschaft« ist nicht nur das übermächtige *sexuelle Begehren*. Den Zorn etwa hielten die Väter für nicht weniger verhängnishaft. Aber den Mönchen, zu vollständiger sexueller Enthaltung verpflichtet, machte der Geschlechtstrieb natürlich besonders zu schaffen; die Härte des Kampfes gegen die niemals endgültig besiegten Leidenschaften wurde ihnen an den Bedrängnissen durch den Geschlechtstrieb um so schmerzlicher bewußt.

»Als ich in der Wüste weilte«, schreibt der Heilige Hieronymus (* um 347) in einem Brief, »da schweiften meine Gedanken oft hin zu den Vergnügungsstätten Roms. Einsam, innerlich verbittert saß ich da. Meine ungestalten Glieder starrten im Bußgewand, und meine rauhe Haut war schwarz geworden gleich der eines Äthiopiers. Täglich gab es Tränen und Seufzer. Und wenn mich gegen meinen Willen der Schlaf übermannte, streckte ich meine kaum noch zusammenhaltenden Knochen auf den nackten Boden hin. Von Speise und Trank will ich gar nicht reden, da selbst die kranken Mönche nur frisches Wasser trinken und es als Luxus gilt, irgendeine gekochte Speise zu genießen. Also jener ›Ich‹, der ich aus Furcht vor der Hölle mich selbst zu einem solchen Kerker verurteilt habe, in der einzigen Gesellschaft von Skorpionen und wilden Tieren, dachte oft zurück an die Tänze der Mädchen. Die Wangen waren bleich vom Fasten, aber im kalten Körper flammte der Geist auf in der Glut der Begierden. Von dem Menschen, der dem Fleische nach bereits gestorben war, loderte einzig noch das Feuer der Sinnlichkeit auf. Verlassen von aller Hilfe, warf ich mich nieder zu den Füßen Jesu, benetzte sie mit meinen Tränen und trocknete sie mit meinen Haaren, und das widerspenstige Fleisch bändigte ich durch wochenlanges Fasten.«[5]

Aber gerade dieser unnachgiebige Kampf mit den körperlichen Begierden bringt so etwas wie ein energetisches Plus in den Krieg mit den Leidenschaften, in das heiße Ringen um die Tugenden. »Erwäget doch«, sagt Abbas Chaeremon nach Kassian, »was die dem Leibe nach Verschnittenen (die Eunuchen) beim Erstreben der Tugenden so lau und träge macht. Ist's nicht ihre Sicherheit, daß für sie keine Gefahr bestehe, die Keuschheit zu verlieren?«[6] Gerade im menschlich aussichtslosen Ringen um vollkommene Keuschheit lerne der Mensch, daß man in unermüdlicher Askese verharren müsse, »um durch derartige Buße die Barmherzigkeit des Herrn zu erlangen und so von der Anfechtung des Fleisches und der Herrschaft der übermächtigen Laster durch göttliches Gnadengeschenk frei zu werden«[7]. Selbst härteste Kasteiung zwingt die Tugend nicht herbei, aber sie rührt den Barmherzigen wie eine flehende Gebärde, die ersehnte Tugend zu schenken – ist sie doch Ausdruck heißer Sehnsucht, die nach den Gesetzen himmlischer Logik nicht unerfüllt bleiben kann.

Aber dieser Friede – er winkt gleichsam nur in weiter Ferne. Und die Gegenwart gehört immer noch dem Krieg. »Die Leidenschaften sind dornige Essigbäume« – man rottet sie nicht aus. Die Widerständigkeit des »alten Adam« gegen das Ethos des »neuen Adam« (Christi also) macht das innere Drama der Wüste aus. Es ist die Widerständigkeit des erbsündigen Menschenwesens (von uns als naturhaft empfunden, von den Vätern aber mit Paulus »fleischlich« genannt) gegen die geistlichen, pneumatischen Forderungen der *Bergpredigt*, die einen ganz aus Gottes Geist lebenden Menschen voraussetzen, den erneuerten, den wiedergeborenen. Diese Widerständigkeit kann die *Einsamkeit* des Kellion zur Folter machen. Immer wieder wird das Ausharren in der Zelle gleichgesetzt mit: die eigenen *Sünden* beweinen. Ja, das Kellion dient geradezu dem Zweck, daß einer seine Sünden erkenne, immer tiefer, und sie betrauere, immer mehr. Anders als gewisse »fröhliche Christenmenschen«, die nur deshalb so unbeschwert dahinleben, weil die Aktivitäten des Alltags ihnen keine Zeit lassen, wirklich einmal einen Blick in die eigene Seele zu tun. »Mönch« ist, wer trauert; ja im ältesten syrischen Mönchtum bürgerte sich der Brauch ein, die Einsiedler oft einfachhin »die Trauernden« zu nennen[8]. *Tränen* sind der Anfang des Weges zu Gott. Und *Bußtrauer* bleibt lebenslänglich die Haupttriebfeder, im Ringen nicht zu erlahmen. Je näher nämlich ein Mensch Gott kommt, um so erschreckender tut sich der Abgrund der Seele vor dem inneren Blick auf – ein wahrer Abgrund, der den sündigen Menschen vom Heiligen Gott scheidet.

Die Väter der Wüste wissen, wie es um die Seele des Menschen steht. Furchtlos und ohne Illusionen schauen sie in die dunklen Geheimnisse des Menschenherzens hinein. Denn sie erkennen nicht nur die Krankheiten der Seele; sie wissen auch die Heilmittel, unter denen die *Demut* so etwas wie den »Stein der Weisen« bildet – jenes Agens, dem im Prozeß der Wandlung, Verwandlung, Metamorphose der Seelenkräfte die wesentliche Wirkung zubemessen wird. Schon die alten jüdischen Wüstenasketen, von denen wir nicht viel wissen, hatte man »Therapeuten« genannt. Mit um so besserem Recht dürfen wir in unseren Wüstenvätern die ersten christlichen Psychotherapeuten sehen. Die im übrigen nicht weniger als die Psychotherapeuten von heute verschiedene Methoden entwickelt haben! Diskussionen darüber, Auseinandersetzungen, welche Methode die beste sei, schimmern auch in den hier abgedruckten Apophtegmata gelegentlich durch. »Man fragte einmal den Altvater Silvanos: ›Welches geistliche System hast du befolgt, daß du solche Einsicht bekamst?‹ Er antwortete: ›Ich habe niemals in mein Herz einen Gedanken eingelassen, der Gott erzürnen müßte.‹« (861)

Höchste Erkenntnis, »Theoria« als *Schau des Göttlichen*, wie man seit Platon sagte, setzt also asketische »Praxis« voraus. »Selig, die reinen Herzens sind, denn sie werden Gott schauen!« Darum verinnerlicht sich alle äußere asketische Bemühung zu einem unaufhörlichen Kampf gegen die unbotmäßigen *Gedanken*. Das sind die Feinde, vor denen man auch in der Abgeschiedenheit des Kellion nicht sicher ist, ja von denen sich gerade der Eremit aufs zermürbendste bedrängt fühlt. Denn erst wer anfängt, sich geistig und seelisch ganz nach innen zu konzentrieren, wird sich bewußt, was ihm so alles an unwillkürlichen Gedanken und Gedankenfetzen in den Sinn kommt. Geradezu gemeine Gedanken oft: kleinliche, eigensüchtige, mißgünstige, ruhmsüchtige, neidische, eifersüchtige, großmannssüchtige, gehässige – – –! Kein Ruhmesblatt! Und für den Wüstenmönch wie Hohn und Spott auf alle seine asketische Bemühung.

Aber auch uns, so wir uns solcher Gedanken überhaupt bewußt werden, mag es vorkommen, als würden durch sie alle edleren Strebungen in uns in Frage gestellt und verächtlich gemacht. Obwohl diese doch auch wirklich und nicht nur eingebildet sind! Das einzige, wozu wir uns imstande fühlen: diesem häßlicheren Ich nicht Raum zu geben, nicht so zu handeln, wie die hämischen Gedanken es uns heißen. Bis vielleicht einmal die steuernde Kraft unseres besseren Ich versagt, vielleicht aus rein physischer Schwäche, und wir plötzlich Dinge sagen oder tun, über die wir uns selbst entsetzen und die niemand von unseren Verwandten, Freunden, Kollegen uns zugetraut hätte. Wenn Menschen, die ihr Leben lang charakterlich integer wirkten, im Alter auf einmal, scheinbar, »bösartig« werden, dann oft nur deshalb, weil sie dieses innere Böse nicht mehr so unter Kontrolle haben wie in der seelisch-geistigen Kraft ihrer jüngeren Jahre.

Wie ist aber der Anspruch von Altvater Silvanos zu verstehen, er habe niemals in sein Herz einen Gedanken eingelassen, der Gott erzürnen müsse? Kommen diese Gedanken nicht spontan, unwillkürlich, ungerufen, aber auch nicht zu hindern? Der Akzent liegt hier wohl auf »Herz«. Gedanken fliegen uns an. So wie wir unwillkürlich miteinatmen, was in der Luft an Schadstoffen enthalten ist. Stellt sich aber ein Gedanke im Menschen ein, hängt alles davon ab, wie er mit ihm umgeht – ob er ihm Raum gibt oder ihn abweist, ob er ihn nährt oder sich innerlich ihm verschließt und ihn nicht ins Herz einläßt.

Es gibt Hilfen im Kampf gegen die Turbulenz der Gedanken. *Geistige Disziplin* vor allem: ein harmonischer Rhythmus von Beten und Arbeiten und damit auch ein harmonischer Wechsel der je eigenen Konzentration der Seelenkräfte im Beten wie im Arbeiten. Dieses *Arbeiten* ist bei den Wüstenvätern hoch angeschrieben. Nicht nur, weil man sich irgendwie seinen Lebensunterhalt verdienen muß. Auch nicht deshalb, weil man über den Wert der Arbeit an sich, als kulturschöpferische Tat des Menschen, reflektiert hätte. Sondern einfach aus absoluter Notwendigkeit für die Gesundheit der Seele, aus Gründen der Seelenhygiene also und als Hauptmittel gegen Verstimmung, Verdrossenheit, Unlust, Traurigkeit. Es ist gerade die heute als niedrig eingestufte *Handarbeit*, die die Väter für eine wirksamere Seelen-Medizin halten als etwa die geistige Anstrengung eines Gelehrten. Gerade die geistig eintönige Handarbeit, fleißig, aber nicht hektisch getan, zerstört die Atmosphäre eines meditativen Lebens nicht, kann sie sogar vertiefen. »Arbeite – und sei nicht traurig!« rät der Heilige Benedikt. Und: *»Bete und arbeite!«* gilt als Grundmaxime des abendländischen Mönchtums benediktinischer Prägung. Zwar steht dieser Satz nicht wörtlich in Benedikts Regel; aber es trifft zu, daß dieser Grundsatz die Lebensordnung des abendländischen Mönchsvaters bestimmt. Aber eben nicht als Novum, nicht als eigenständige Neuerung dem morgenländischen Mönchtum gegenüber. Von Anfang an, schon in den Wüsten Ägyptens, prägt dieses »Bete und arbeite!« die christliche Ordnung eines mönchischen Lebens. Bei den Eremiten nicht weniger als bei den Klostermönchen.

Der Zufall will es, wenn man es Zufall nennen will, daß die grundlegende Sammlung der Apophtegmata in griechischer Sprache, nach dem Namen der Wüstenväter alphabetisch geordnet (weshalb man diese Sammlung auch Alphabetikum nennt) mit *Antonios dem Großen* beginnt – und zwar ausgerechnet mit folgender Geschichte:

»Als der Altvater Antonios einmal in verdrießlicher Stimmung und mit düsteren Gedanken in der Wüste saß, sprach er zu Gott: ›Herr, ich will gerettet werden, aber meine Gedanken lassen es nicht zu. Was soll ich in dieser meiner Bedrängnis tun? Wie kann ich das Heil erlangen?‹ Bald darauf erhob er sich, ging ins Freie und sah einen, der ihm glich. Er saß da und arbeitete, stand dann von der Arbeit auf und betete, setzte sich wieder und flocht an einem Seil, erhob sich dann abermals zum Beten; und siehe, es war ein Engel des Herrn, der gesandt war, Antonios Belehrung und Sicherheit zu geben. Und er hörte den Engel sprechen: ›Mach es so und du wirst das Heil erlangen.‹ Als er das hörte, wurde er von großer Freude und mit Mut erfüllt und durch solches Tun fand er Rettung.« (1)

Antonios (* um 251), »Stern der Wüste«, ja »Lichtsäule, die den Erdkreis erhellt«, wie er voller Verehrung genannt wurde, gilt als der Vater aller christlichen Mönche. Nicht, als ob er keine Vorgänger gehabt hätte. Schon von apostolischen Zeiten an (die paulinischen Briefe spiegeln es wider) leben in den christlichen Gemeinden Männer und Frauen als Asketen – ehelos, bedürfnislos, ganz dem Gebet und Werken der Nächstenliebe ergeben. Antonios ist nicht einmal der erste gewesen, der den weiteren Schritt, den entscheidenden, auf die neue Lebensform des christlichen Mönchtums hin getan hätte: er war nicht der erste Asket, der nicht nur die Welt verließ, sondern sich auch vom normalen Gemeindeleben der Kirche absonderte und hinaus in die Wüste zog. Rein zeitlich betrachtet, kommt ihm diese Priorität nicht zu. Geschichtlich aber, von der historischen Bedeutung her gesehen, war und blieb Antonios der erste. Grundlegend für die Geschichte der Wüstenväter, ja für die Geschichte des gesamten christlichen Mönchtums! Etwas Hinreißendes und Zündendes muß von ihm ausgegangen sein: seine Wirkung auf die ersten Generationen der Wüstenväter schimmert in den Apophtegmata immer wieder durch. Er ist *der* Abbas, *der* Altvater, schlechthin. Ja, schon wenige Jahre nach seinem Tod ist Antonios in der ganzen damaligen christlichen Welt des Morgen- und Abendlandes bekannt, berühmt, verehrt, geliebt – ein Heiliger, den nachzuahmen man strebt. Das alles, bevor noch die ersten Sammlungen von Vätersprüchen kursierten und bevor durch die verschiedenen altchristlichen Reiseberichte Geschichten aus dem Leben der Wüstenväter überall bekannt wurden. Diese einzigartige Berühmtheit des Antonios ist die Folge eines Buches, in dem das Leben des Heiligen beschrieben wird, das um 360 erscheint, und dessen Autor kein Geringerer ist als der Heilige Athanasios der Große. Diese Vita des Heiligen Antonios aus der Feder des berühmten Kirchenvaters, der Antonios persönlich gekannt hat, spiegelt einerseits das Leben der ersten Wüstenväter wider. Umgekehrt will Athanasios mit seiner Schrift auch den Wüstenmönchen einen Spiegel vorhalten, so daß diese Antoniosvita keine Biographie im neuzeitlichen Sinn ist, sondern so etwas wie ein Mönchsspiegel.

Es geht dem Autor nicht darum, die Entwicklung des Antonios aus den Vorbedingungen seiner Charakteranlagen und Schicksalskonstellationen zu erklären. Zwar spielen sich gewisse Szenen auch auf der Ebene dieser natürlichen Lebenstatsachen ab. Aber im gesamtdramatischen Geschehen sind noch ganz andere Ebenen im Spiel: Himmel und Hölle, *Engel und Dämonen*, die mächtig emporziehende Kraft der Gnade, aber auch die fatalen Angriffe jener Mächte des Bösen, die den Aufstieg des Antonios zu verhindern trachten. So ist das von Athanasios beschriebene »Leben des Heiligen Antonios« von einem kämpferischen Ethos erfüllt: der Aufstieg zu einer solchen Höhe kann sich nur schrittweise vollziehen, nur unter harter Anstrengung. Mit atemloser Spannung soll der Leser oder Hörer die verschiedenen Stadien verfolgen. Wie gebannt! Denn: der Weg des Antonios ist (im wesentlichen!) der Weg jedes »Mönches« – ja (letztlich!) der Weg jeder menschlichen Seele, die ihr himmlisches Ziel erreichen will.

Antonios kämpft nicht mit einer nur ihm eigentümlichen bösen Anlage. Sein Feind ist der Feind aller Menschen – »der Feind« schlechthin. Rein psychologische Deutungen und Wertungen der aggressiven Tendenzen der menschlichen Psyche dringen nicht tief genug vor; spirituell betrachtet, wohnen der menschlichen Seele diese angreiferischen, kriegerischen Strebungen mit geradezu metaphysischer Notwendigkeit inne. Ist der Seele doch wirklich der Kampf gegen einen Feind, den eigentlichen Feind, zubestimmt. Ohne diesen Kampf können die in der Psyche angelegten Potenzen auf das Göttliche hin sich nicht entfalten, kann sich ihre Bestimmung, Gottes Ebenbild zu sein, nicht erfüllen. Schaurige Dämonenkämpfe schildert Athanasios in seiner Vita des Mönchsvaters; in der Geschichte der christlichen Kunst sollten sie später ihre Rolle spielen. Heute möchte man solche Geschichten samt und sonders psychologisieren. In früheren Jahrhunderten wollte man sie nicht weniger einseitig objektivieren. Nach Athanasios aber spielt sich das alles in einem eigentümlichen Zwischenbereich ab, auf einer Wirklichkeitsebene, die weder »rein psychisch« ist noch »real« in dem Sinne, daß die Phänomene völlig unabhängig von der Psyche wären. In der großen »Mönchsrede«, die das geistige Zentrum der Vita bildet, (und in der Athanasios vermutlich wirkliche Jüngerunterweisungen des Mönchsvaters verarbeitet hat) betont Antonios, daß sich in den dämonischen Schrecknissen nur widerspiegle, wie es innen in der Seele ausschaut. Zu Dämonenfurcht bestehe kein Anlaß, solange der Mensch sich an Christus hält. Denn im Kraftfeld Christi wird der allgewaltige Teufel zu einem leicht besiegbaren Schwächling.

»Wenn die Dämonen erscheinen, verhalten sie sich selbst so gegen uns, wie sie uns antreffen, und nach den Gedanken, die sie in uns finden, gestalten sie ihre Trugbilder…, und was wir von uns selbst denken, das vergrößern sie… Wenn sie uns furchtsam und feige sehen, dann vermehren sie die Mutlosigkeit durch ihre Erscheinungen und Drohungen, und die arme Seele wird damit gefoltert. Wenn sie uns dagegen freudig im Herrn finden…, dann wenden sie sich beschämt ab.«[9]

Die Wüste, die Wildnis, die Einöde – menschenleer und schaurig – gilt als Tummelplatz der Dämonen. Dorthin dringen sie vor, die Einsiedler und ersten Mönche, um mit dem Teufel zu kämpfen. Wenn sie ihn hier in seinem eigenen Terrain schlagen, wenn sie seinen Versuchungen sogar hier Widerstand leisten, wird seine versucherische Kraft im Mark getroffen werden. Nach der Taufe im Jordan wurde Jesus vom Geiste Gottes in die Wüste hinausgetrieben (Mk 1,21), »um vom Teufel versucht zu werden«, wie es bei Matthäus heißt. Dann aber »kamen Engel und dienten ihm«. Die eine wie die andere Erfahrung machen die Wüstenleute in den Fußspuren ihres Meisters. *Engel* erscheinen, und Wunder geschehen. Kein Hungernder verhungert, eher wird ihm Brot vom Himmel gesandt wie den Kindern Israels das Manna in der Wüste. Kommt die Nacht, fern von den Lichtern der Menschenwelt, dann wird die Wüste von den Leuchten des Himmels erhellt. Denn wohl ist sie ein Tummelplatz der Dämonen, zugleich aber auch die Stätte, wo Gott seinen ureigenen Namen dem Moses im Brennenden Dornbusch enthüllt: ICH BIN DA.

Sollte dieses Gesetz der Wüste heute nicht auch dort gelten, wo die Schrecken der Leere sich aus den Steinwüsten der Städte erheben, wo die Schauer der Verlassenheit einen dort überkommen, wo im Gewimmel der vielen, allzuvielen, jeder einzelne sich auf sich selbst zurückgeworfen fühlt?

Antonios sieht den Engel als »einen, der ihm glich«. Als wäre es einer der Brüder. Wen wundert es da, wenn manch einer dieser Wüstenleute am Ende seinerseits den Engeln glich? Suchten sie doch schon hier auf der Erde, als wären sie bereits gestorben, wie die Engel im Himmel zu leben: ganz in Gott versenkt, zur »Ruhe« des Lebens gelangt.

»Einer von den Vätern erzählte, daß er mit dem Altvater Silvanos zusammentraf, und er sah sein Antlitz und seinen Leib leuchten wie einen Engel.« (867)

Und von Altvater Pambo erzählte man:

»Wie Moses das Bild der Herrlichkeit Adams erhielt, als sein Antlitz verklärt wurde, so leuchtete auch das Antlitz des Abbas Pambo wie ein Blitz, und er war wie ein König, der auf dem Throne sitzt.« (773)

1 Näheres über diese altchristlichen Schriften bei G. u. Th. Sartory, Ich sah den Ochsen weinen – Heilige und Tiere. Herderbücherei Nr. 747, 1979.

2 Wilhelm Bousset, Apophtegmata – Studien zur Geschichte des ältesten Mönchtums, Tübingen 1923.

3 Karl Heussi, Der Ursprung des Mönchtums, Tübingen 1936, S. 167.

4 »Weg und Wort der Väter« – ausgewählt, übersetzt und eingeleitet von Gerhard Steege, Berlin 1964, S. 20.

5 Zit nach »Texte der Kirchenväter«, Bd. I, S. 529 f., München 1963.

6 »Des ehrwürdigen Johannes Cassianus vierundzwanzig ›Unterredungen mit den Vätern‹«, übers. von Karl Kohlhund, Kempten 1879, S. 35. Ein eigenes Kassian-Bändchen wird 1981 in den *Texten zum Nachdenken* unter dem Titel »Spannkraft der Seele« erscheinen.

7 Kassian, a. a. a. O. S. 34.

8 Edmund Beck, ein Beitrag zur Terminologie des ältesten syrischen Mönchtums, S. 254ff., in: Studia Anselmiana, Bd. 38, Rom 1956.

9 Des heiligen Athanasius »Leben des heiligen Antonius«, übers. v. Hans Mertel. Bibl. der Kirchenväter, Kempten und München 1917, S. 730.

Unsere Auswahl stellt einen Versuch dar, den Leser in die
geistig-geistliche Welt der Apophtegmata einzuführen. Die
Anordnung des Materials hat nichts Beliebiges; sie markiert in
gewisser Weise einen geistigen Weg. Während bei anderen
Bändchen dieser Reihe der Leser genausogut hinten oder in der
Mitte zu lesen beginnen kann, ist ihm das in diesem Fall nicht zu
raten. Der Stellenwert der hier gebotenen Texte im Gesamtrah-
men der Auswahl soll dem Leser helfen, die geistigen Zusam-
menhänge zu erkennen, die Einzelsprüche im Licht des Ganzen
besser zu verstehen und die Apophtegmata nicht als eine
Information über die Spiritualität der Wüstenväter hinzuneh-
men, sondern als Ermutigung zu einem zu gehenden Weg.

Die Texte dieser Auswahl sind der deutschen Gesamtausgabe
der Apophtegmata entnommen. Die Übersetzung stammt von
dem Mettener Benediktiner Bonifaz Miller; 1965 im Lambertus-
Verlag unter dem Titel »Weisung der Väter« veröffentlicht,
erscheint sie heute im Paulinus-Verlag, Trier. Wir danken
Bonifaz Miller und dem Paulinus-Verlag für die Genehmigung
des Abdrucks und hoffen, daß diese »Texte zum Nachdenken«
Verlangen nach dem ganzen Schatz der Vätersprüche wecken.

Mit »Weisung der Väter« liegt erstmalig das vollständige
Alphabetikum der griechischen Tradition – auf Grundlage des
Textes bei Migne, PG Bd. 65, Sp. 71–440 – in deutscher Sprache
vor. Nach dem Beispiel von K. Heussi hat Miller die Apophtegmata durchlaufend numeriert von 1–948. Dem entspricht bei
uns die Nummer im Kursivdruck. Die normalgedruckte Nummer gibt die Fundstelle im Alphabetikum bei Migne an, wo mit
jedem neuen Väternamen die Numerierung von neuem beginnt.
Unter den Nummern 949–1240 bringt Miller anschließend
auch noch die wesentlichen Stücke der (nicht alphabetisch nach

Väternamen, sondern nach Sachgebieten geordneten) lateinischen Überlieferung, soweit sie das Alphabetikum ergänzen. Hier war Textgrundlage die von H. Rosweyde herausgegebene Ausgabe in Migne PL Bd. 73, Sp. 855–2022. Miller hat auch diese Stücke durchlaufend weiternumeriert. Dem entsprechen auch bei uns wieder die Kursivnummern. Die normalgedruckte Fundstelle bezieht sich ab Nr. 949 auf den Fundort bei Rosweyde.

Bei den Apophtegmata-Zitaten der Einleitung geben wir lediglich die Nummer der durchlaufenden Zählung bei Miller an.

Ein * bedeutet Überarbeitung oder Ergänzung eines Textes durch die Verfasser.

Die Väterbilder und Vignetten von Rallis Kopsidis (Athen) haben wir mit Erlaubnis des Styria-Verlages der (inzwischen vergriffenen) Auswahl von Apophtegmata entnommen, die in der Übersetzung von Pater Bonifatius, Mönch von Chevetogne, 1963 unter dem Titel »Sprüche der Väter« erschienen war.

Die Titelseiten der einzelnen Kapitel gestaltete in koptisierter Schrift Anselm Thylmann.

Der Klosterbibliothek zu Metten, vor allem ihrem Bibliothekar, P. Prior Benedikt Busch OSB, danken wir für die stets bereite Hilfe.

HERZENSRUHE IST DIE MUTTER ALLER TUGENDEN

ABBAS RUFOS

Über die Hygiene der Seele

Abbas Jakob sagte: »Man braucht nicht nur Reden. Denn es gibt viele Reden unter den Menschen in dieser Zeit. *Was nottut, ist die Tat. Das wird gesucht und nicht Reden,* die keine Frucht bringen.« (4)   398

+

Der selige Antonios pflegte zu sagen: Die Altväter der Vorzeit begaben sich in die Wüste und machten nicht nur sich selber gesund, sondern wurden auch noch Ärzte für andere. Wenn aber von uns einer in die Wüste geht, dann will er andere früher heilen als sich selbst. Und unsere Schwäche kehrt zu uns zurück und unsere letzten Dinge werden ärger als die ersten, und daher heißt es für uns: Arzt, heile dich vorher selber! (Lk 4,23)   (VII,35,2)
                                                                     1007

+

Amma Synkletika sagte: »Es ist gefahrvoll, wenn einer lehren will, der nicht durch das tätige Leben hindurchgegangen ist. Wie wenn einer, der ein baufälliges Haus hat, Gäste aufnimmt und sie durch den Einsturz des Hauses beschädigt, so richten auch diejenigen, die sich nicht selbst zuerst auferbaut haben, jene zugrunde, die sich ihnen anschließen. Mit den Worten rufen sie zum Heile, durch die Schlechtigkeit des Wandels fügen sie den Kämpfern Unrecht zu.« (12)   903

+

Abbas Poimen sagte: »Ein Mensch, der lehrt, aber nicht tut, was er lehrt, gleicht einer Quelle: alles bewässert und reinigt sie, nur sich selbst vermag sie nicht zu reinigen.« (25)   599

+

Das hatte Abbas Pambo vor vielen voraus, daß er, um ein Wort der Schrift oder einen geistlichen Gegenstand befragt, nicht auf der Stelle antwortete, sondern sagte, er verstehe die Stelle nicht, und wenn er weiter gefragt wurde, gab er überhaupt keine Antwort. (9) 770

+

Ein Greis sprach: Wolle lieber belehrt werden als lehren. Derselbe sagte: Lehre nicht vor der Zeit, sonst wirst du dein ganzes Leben nicht verständig! (V,15,81) 1082

+

Abbas Johannes sagte: Einige scheinen der Welt entsagt zu haben und doch bemühen sie sich nicht, ihr Herz zu reinigen, alle Leidenschaften und Laster auszurotten und ihre Sitten zu ordnen. Sie trachten nur deshalb danach, einen der heiligen Väter zu sehen und einige Worte zu hören, um damit vor anderen Leuten groß tun zu können, und rühmen sich, es von diesem oder jenem gehört zu haben. Wenn sie sich auch nur einige Kenntnisse erworben haben, dann wollen sie gleich Lehrer sein und wollen anderen Leuten vortragen, nicht, was sie selbst geübt, sondern was sie von anderen gehört und gesehen haben. (II,1) 1043

Abbas Isaias fragte den Altvater Makarios: »Sage mir ein Wort!« Der Alte antwortete ihm: »Fliehe die Menschen.« Da sprach der Abbas Isaias zu ihm: »Was heißt das: die Menschen fliehen?« Der Greis antwortete ihm: »Dich in dein Kellion setzen und *deine Sünden beweinen*.« (27)   480

+

Ein Bruder fragte den Altvater Poimen: »Meine Gedanken beunruhigen mich, ich soll mich um meine Sünden nicht kümmern, und sie verleiten mich, auf die Mängel des Bruders zu sehen.« Und der Alte erzählte ihm vom Abbas Dioskuros: Er war in seinem Kellion und weinte über sich. Sein Schüler saß in einem anderen Kellion. Als er nun zum Alten kam, fand er ihn weinend und sagte zu ihm: »Vater, was weinst du?« Der Greis erwiderte: »Meine Sünden beweine ich.« Da sprach sein Schüler zu ihm: »Du hast doch keine Sünden, Vater!« Da antwortete der Greis: »In Wahrheit, Kind, wenn es mir gestattet wäre, meine Sünden zu sehen, dann würden drei oder vier (Menschen) nicht ausreichen, um sie zu beweinen.« (2)   192

+

Man erzählte von Abbas Arsenios: Sein ganzes Leben hatte er, wenn er bei seiner Handarbeit saß, ein Tuch auf seinem Schoß wegen der Tränen, die ihm aus den Augen flossen. Als der Altvater Poimen von seinem Hinscheiden hörte, sagte er unter Tränen: »Selig bist du, Altvater Arsenios, weil du über dich in dieser Welt geweint hast. Wer nicht hier über sich weint, der wird dort ewig weinen. Ob wir es hier freiwillig tun oder dort wegen der Qualen, es ist unmöglich, nicht zu weinen.« (41)   79

+

Ein Bruder fragte den Altvater Poimen: »Was soll ich tun?« Der Greis sagte zu ihm: »Als Abraham in das Land der Verheißung einzog, kaufte er sich eine Grabstätte, und wegen des Grabes bekam er das Land zum Erbe« (Gn 23).

Da fragte der Bruder: »Was ist das Grab?« Der Greis antwortete: »Ein Ort des Weinens und der Trauer.« (50)   624

+

Ein Bruder fragte den Altvater Poimen: »Sage mir ein Wort!«
Und er sagte zu ihm: »Der Anfang des Werkes, den die Väter
setzten, ist die Trauer.« (69)   *643*

+

Als Abbas Poimen einmal nach Ägypten wanderte, sah er auf
einem Grabmal ein Weib sitzen, das bitterlich weinte. Und er
sagte: »Wenn alle Annehmlichkeiten der Welt zu ihr kämen, sie
würden ihre Seele nicht aus der Traurigkeit bringen. So muß
auch der Mönch immer Traurigkeit im Herzen haben." (26)
                                                                 600

+

Auch dies sagte er: »Doppelt ist die Trauer: Sie wirkt und
behütet.« (39)   *613*

+

Ein Bruder fragte den Abbas Poimen: »Was fange ich mit
meinen Sünden an?« Der Greis sagte: »Wer sich von seinen
Sünden reinigen will, der reinigt sie durch Beweinen. Und wer
Tugenden erwerben will, der erwirbt sie durch Weinen. Denn
das Weinen ist der Weg, den uns die Schrift überliefert hat und
auch unsere Väter, indem sie sagten: Weinet! (vgl. Lk 6,21;
23,28). Einen anderen Weg als diesen gibt es nicht!« (119)   *693*

+

Abbas Joseph erzählte, daß der Abbas Isaak gesagt hat: »Ich
saß einmal beim Altvater Poimen und sah, wie er in Verzückung
geriet. Nachdem ich sehr vertraut mit ihm war, warf ich mich
ihm zu Füßen und bat ihn: ›Sag mir, wo du warst!‹ Gezwungen
sagte er zu mir: ›Mein Denken war da, wo die heilige
Gottesgebärerin Maria stand und vor dem Kreuz des Erlösers
weinte, und ich wollte allezeit so weinen.‹« (144)   *718*

+

Ein Bruder fragte einen Altvater: »Wie kommt es, obwohl ich stets um Tränen bitte, da ich höre, daß die Alten weinten, kommen mir dennoch keine Tränen, und meine Seele betrübt sich nicht?« Der Greis antwortete ihm: »Die Kinder Israels kamen erst nach vierzig Jahren in das Land der Verheißung. Die Tränen sind wie das Land der Verheißung: wenn du dorthin gelangen willst, dann darfst du keinen Kampf scheuen; denn der Herr will, daß die Seele betrübt sei, damit sie sich ständig danach sehne, in dieses Land einzugehen!« (V, 3, 27)   *992*

Ein Bruder fragte den Altvater Rufos: »*Was ist die Herzensruhe, und was ist ihr Nutzen?*« Der Greis sagte: »Die Herzensruhe ist: in dem Kellion sitzen mit Furcht und Erkenntnis Gottes und sich fernhalten von der Erinnerung an Erlittenes und von Hochmut. Eine solche Ruhe ist die Mutter aller Tugenden, sie bewahrt den Mönch vor den feurigen Geschossen des Feindes (Eph 6,16) und läßt ihn nicht davon verwundet werden. Ja, Bruder, sie erwirb, eingedenk deines Scheidens im Tode, weil du nicht weißt, zu welcher Stunde der Dieb kommt (Lk 12,39). Im übrigen also, sei wachsam bezüglich deiner eigenen Seele.« (1)

801

+

Jemand erzählte: Drei Studierende, die sich liebten, wurden Mönche, und jeder von ihnen nahm sich ein gutes Werk vor. Der erste erwählte dies: er wollte Streitende zum Frieden zurückführen, nach dem Wort der Schrift: Selig sind die Friedfertigen (Mt 5,9). Der zweite wollte Kranke besuchen. Der dritte ging in die Wüste, um dort in Ruhe zu leben. Der erste, der sich um die Streitenden mühte, konnte doch nicht alle heilen. Und von Verzagtheit übermannt, ging er zum zweiten, der den Kranken diente, und fand auch den in gedrückter Stimmung; denn auch er konnte sein Vorhaben nicht ganz ausführen. Sie kamen daher beide überein, den dritten aufzusuchen, der in die Wüste gegangen war, und sie erzählten ihm ihre Nöte und baten ihn, er möge ihnen aufrichtig sagen, was er gewonnen habe. Er schwieg eine Weile, dann goß er Wasser in ein Gefäß und sagte ihnen, sie sollten hineinschauen. Das Wasser war aber noch ganz unruhig. Nach einiger Zeit ließ er sie wieder hineinschauen und sprach: »Betrachtet nun, wie ruhig das Wasser jetzt geworden ist.« Und sie schauten hinein und erblickten ihr Angesicht wie in einem Spiegel. Darauf sagte er weiter: »So geht es dem, der unter den Menschen weilt: Wegen der Unruhe und Verwirrung kann er seine Sünden nicht sehen. Wer sich aber ruhig hält und besonders in der Einsamkeit, der wird bald seine Fehler einsehen.« (V,2,16)

987

+

Der Altvater Dulas sagte: »Wenn der Feind uns zwingt, die Herzensruhe aufzugeben, dann laßt uns nicht auf ihn hören. Denn nichts ist ihr und dem Fasten gleich. Beide verbünden sich zur Bundesgenossenschaft gegen ihn; denn sie gewähren den inneren Augen Scharfblick.« (1)   *194*

+

Abbas Antonios sagte: »Wer in der Wüste sitzt und die Herzensruhe pflegt, wird drei Kämpfen entrissen: Dem Hören, dem Reden, dem Sehen. Er hat nur noch einen Kampf zu führen: den gegen die Unreinheit.« (11)   *11*

+

Der Altvater Antonios richtete seinen Blick auf die Tiefe der Ratschlüsse Gottes und stellte die Frage: »Herr, wie kommt es, daß manche nach einem kurzen Leben sterben, andere aber ein hohes Alter erreichen? Und warum leiden die einen Not, während andere reich sind? Warum schwelgen die Ungerechten in Reichtum und die Gerechten sind in Armut?« Da kam eine Stimme zu ihm, die sprach: »Antonios, achte auf dich selbst; denn das sind Fügungen Gottes, und es frommt dir nicht, sie zu erforschen.« (2)   *2*

+

Der Altvater Alonios sagte: »Wenn der Mensch nicht in seinem Herzen spricht: Ich und Gott allein sind in der Welt – dann kommt er nicht zur Ruhe.« (1)   *144*

+

Abbas Euagrios sagte: »Schneide ab die Neigung zu vielem (* zu vielerlei Dingen), damit nicht dein Sinn verwirrt werde und du nicht die Haltung der Herzensruhe zerstörst.« (2)   *228*

+

Wenn Abbas Agathon etwas sah und sein Herz über die Sache urteilen wollte, sprach er zu sich: »Agathon, tu das nicht!« Und so kam sein Denken zur Ruhe. (18)   *100*

+

Ein Bruder befragte sich beim Altvater Agathon wegen der Unzucht. Er erklärte ihm: »Wohlan, wirf dein Unvermögen vor Gott, und du wirst Ruhe finden.« (21)   103

+

Der Altvater Moses sprach zum Altvater Makarios in der Sketis: »Ich will mich der Ruhe (der Kontemplation) hingeben, aber die Brüder lassen mich nicht.« Altvater Makarios sagte zu ihm: »Ich sehe, daß deine Natur zart ist und du den Bruder nicht zurückweisen kannst. Aber wenn du die Beschauung pflegen willst, dann geh in die Wüste, dort hast du Ruhe.« Er tat es und kam zur Ruhe. (22)   475

+

Ein Bruder saß in der Kellia, und durch die Einsamkeit kam er in Unruhe. Er ging zum Altvater Theodor von Pherme und sagte es ihm. Da belehrte ihn der Greis: »Wohlan, demütige dein Denken, ordne dich unter und bleibe bei den anderen.« Er kam wieder zum Altvater zurück und eröffnete ihm: »Auch unter den Menschen finde ich keine Ruhe!« Der Alte sagte darauf: »Wenn du allein nicht zur Ruhe kommst und auch unter den anderen nicht, wozu bist du dann ein Mönch geworden? Etwa nicht, um Bedrängnis zu dulden? Sage mir, wie viele Jahre trägst du eigentlich das Mönchsgewand?« Er sagte: »Acht!« Da sagte nun der Greis: »Wirklich, ich zähle siebzig Jahre in diesem Kleid, und keinen Tag habe ich Ruhe gefunden – und du mit deinen acht verlangst Ruhe zu haben?« Als der Bruder das hörte, ging er gestärkt davon. (2)   269

+

Ein andermal sagte Abbas Theodor: »Viele haben sich in dieser Zeit die Ruhe genommen, ehe Gott sie ihnen gewährte.« (16)   283

+

Ein Bruder fragte den Abbas Poimen: »Was fange ich mit der Last an, die mich bedrückt?« Der Greis sagte ihm: »Große und kleine Schiffe haben Gürtel: Wenn kein günstiger Fahrwind ist, dann werfen die Schiffer Zugtaue mit den Gürteln über die Brust und ziehen so eine Weile das Schiff, bis ihnen Gott den Wind schickt. Wenn sie aber merken, daß Finsternis eingefallen ist, dann ankern sie und stecken einen Pflock ein, damit das Schiff nicht hin und her schwankt.« (145)   *719*

+

Ein bedeutender Mann der Herzensruhe lebte auf dem Berge Athlibis. Über den kamen Räuber, und der Alte schrie auf. Nachbarn hörten es, überwältigten die Räuber und brachten sie vor den Richter, und der warf sie ins Gefängnis. Als das die Brüder hörten, betrübten sie sich und sagten: Unseretwegen wurden sie überliefert. Sie erhoben sich und gingen zum Altvater Poimen und teilten ihm den Vorfall mit. Poimen schrieb an den Greis: »Denk an den ersten Verrat und woher er gekommen ist, und du verstehst dann auch den zweiten. Wenn du nicht Verrat an deinem Inneren begangen hättest, hättest du den zweiten nicht erlitten.« Als er den Brief des Altvaters Poimen erhielt (denn er hatte einen großen Ruf in der ganzen Gegend und ging nie aus seinem Kellion heraus), da stand er auf, ging in die Stadt, holte die Räuber aus dem Gefängnis und setzte sie öffentlich in Freiheit. (90)   *664*

Abbas Isidor von Pelusium sagte: *»Viele Menschen haben zwar ein Verlangen nach Tugend, aber sie zögern, den Weg zu gehen, der zu ihr führt. Andere wieder glauben, daß es überhaupt keine Tugend gibt. Man muß also auf die einen einwirken, ihre Säumigkeit abzulegen, die anderen belehren, daß es wirklich Tugend gibt.«* (3)   *368*

+

Abbas Johannes Kolobos sprach: »Ich wünschte, daß der Mensch ein wenig an allen Tugenden teilhabe. Darum mache jeden Tag, wenn du morgens aufstehst, zu jeder Tugend und zu einem jeden Gebot des Herrn in größter Geduld einen Anfang, mit Furcht und Hochherzigkeit, in der Liebe Gottes, mit aller Willigkeit des Leibes und der Seele und in tiefer Demut, im Ertragen der Bedrängnis des Herzens und in der Wachsamkeit, in vielem Gebet und Fürbitten, mit Seufzen, Fehlerlosigkeit der Zunge und Bewachung der Augen, Mißachtung ertragend und doch nicht erzürnend, friedliebend und nicht Böses mit Bösem vergeltend, nicht achtend auf die Fehler der anderen, sich nicht messend überschätzen, sondern unter alle Geschöpfe sich stellend, unter aller Kreatur seiend, durch Verzicht auf das Materielle und dessen, was zum Fleische gehört, im Kreuztragen, im Kampf, in Armut des Geistes, in geistlichem Vorsatz und Askese, durch Fasten, Bußgesinnung und Weinen, in kriegerischem Kampf, in der rechten Unterscheidung, in Reinheit der Seele, in der Übernahme des Guten, in Herzensruhe bei der Arbeit, in Nachtwachen, in Hunger und Durst, in Kälte und Blöße, in Anstrengungen, dich in dem Grab verschließend, als wärest du schon gestorben, daran denkend, daß der Tod zu jeder Stunde nahe ist.« (34)   *349*

+

Ein Bruder fragte den Abbas Poimen: »Kann der Mensch auf eine einzige Übung sein Vertrauen setzen?« Der Greis sagte zu ihm: »Der Abbas Johannes Kolobos hat den Ausspruch getan: Ich möchte an jeder Tugend ein wenig Anteil haben.« (46) *620*

+

Wiederum sagte er: »Wenn einer ein Haus bauen will, dann sammelt er vieles Notwendige, damit er das Haus herstellen kann, und sammelt die verschiedensten Dinge: So soll es auch mit uns sein: ein wenig von allen Tugenden müssen wir erwerben.« (130)   *704*

+

Abbas Isidor von Pelusium sprach: »Nachdem die Höhe der Tugend groß ist und gewaltig der Fall der Überheblichkeit, rate ich euch: die erstere freudig zu begrüßen, der anderen nicht zu verfallen.« (5)   *370*

+

Abbas Theodor von Pherme sagte: »Keine andere Tugend ist wie die: keinen verachten!« (13)   *280*

Ein Bruder sprach zum Abbas Poimen: »Mein Leib ist zwar schwach geworden, aber meine Leidenschaften sind nicht schwächer geworden.« Der Greis sagte: *»Die Leidenschaften sind dornige Essigbäume.«* (161)   735

+

Ein Bruder aus dem Gebiet des Altvaters Poimen ging einmal in die Fremde und traf dort mit einem Einsiedler zusammen, der sehr stark in der Liebe war und daher von vielen aufgesucht wurde. Der Bruder berichtete ihm, wie es um den Altvater Poimen stand. Als er von dessen Tugend hörte, wünschte er, ihn zu sehen. Der Bruder wandte sich nach Ägypten, und nach einiger Zeit machte sich auch jener Einsiedler auf und kam aus der Fremde zu jenem Bruder nach Ägypten, der ihn damals besucht hatte. Er hatte ihm nämlich seinen Aufenthalt genannt. Als jener ihn sah, wunderte er sich und freute sich sehr. Der Einsiedler sprach nun: »Erweise mir den Gefallen und bringe mich zum Abbas Poimen.« Er nahm ihn mit, kam zum Greis und gab ihm Auskunft über seine Art, indem er sagte: »Er ist ein großer Mann und genießt in seiner Gegend großes Ansehen und viel Liebe. Ich erzählte ihm von dir, und nun ist er gekommen, mit dem Wunsche, dich zu sehen.« Er nahm ihn also mit Freuden auf, sie begrüßten einander und setzten sich. Der Fremde begann zu reden von der Schrift, von geistlichen und himmlischen Dingen. Da wandte Abbas Poimen sein Haupt ab und gab ihm keinerlei Antwort. Als der Einsiedler sah, daß er nicht mit ihm sprach, ging er betrübt davon und sagte zu dem Bruder, der ihn hergebracht hatte: »Ich habe diese ganze Wanderung umsonst gemacht. Denn ich kam zu dem Greis, aber siehe, er will nicht mit mir reden!« Da ging der Bruder zum Altvater Poimen hinein und sagte: »Vater, deinetwegen kam dieser große Mann, der in seiner Gegend ein so großes Ansehen besitzt. Warum hast du denn nicht mit ihm gesprochen?« Der Greis gab zur Antwort: »Er wohnt in den Höhen und spricht Himmlisches, ich aber gehöre zu denen drunten und rede Irdisches. Wenn er von den Leidenschaften der Seele gesprochen hätte, dann hätte ich ihm wohl Antwort gegeben. Wenn er aber

über Geistliches spricht, so verstehe ich das nicht.« Der Bruder
ging nun hinaus und sagte zum dem Einsiedler: »Der Greis redet
nicht leicht von der Schrift, aber wenn jemand mit ihm von den
Leidenschaften der Seele spricht, dann gibt er ihm Antwort.« Er
besann sich und ging zu ihm hinein und sprach zu ihm: »Was
soll ich tun, wenn die Leidenschaften der Seele über mich Macht
gewinnen?« Da achtete der Greis freudig auf ihn und sagte:
»Jetzt bist du richtig gekommen, nun öffne einen Mund für diese
Dinge, und ich werde ihn mit Gütern füllen.« Der aber hatte
großen Nutzen und sagte: »Wahrhaftig, das ist der rechte Weg!«
Und mit Dank gegen Gott kehrte er in sein Land zurück, weil er
gewürdigt worden war, mit einem solchen Heiligen zusammenzutreffen. (8)   582

+

Man erzählte von einem Altvater: fünfzig Jahre verbrachte er,
ohne Brot zu essen oder Wein zu trinken, wenn es leicht ging.
Und er bekannte: »Die Buhlerei habe ich umgebracht und die
Habsucht und den eitlen Ruhm.« Da kam zu ihm der Altvater
Abraham und sagte zu ihm: »Hast du wirklich dieses Wort
gesagt?« Er antwortete: »Ja.« Da sprach zu ihm der Altvater
Abraham: »Siehe, du gehst in dein Kellion und findest auf
deiner Matte ein Weib. Kannst du denken, daß es kein Weib
ist!« Er sagte: »Nein, aber ich kämpfe mit dem Gedanken, es
anzurühren.« Da sprach zu ihm der Altvater Abraham: »Siehe,
du hast also die Leidenschaft nicht getötet, sondern sie lebt noch
in dir! Sie ist nur gefesselt. Wiederum: wenn du herumgehst,
Steine und Tonscherben siehst, und mittendrin Gold – kann dein
Verstand es anschauen wie das andere?« Er sagte: »Nein – aber
ich kämpfe mit dem Gedanken, es aufzuheben!« Da sprach der
Greis: »Siehe, auch die Habsucht lebt also, wenn sie auch
gebunden ist!« Wiederum sagte der Altvater Abraham: »Siehe,
du hörst von zwei Brüdern: der eine liebt dich, der andere haßt
dich und macht dich schlecht. Wenn sie nun zu dir kommen,
hältst du die zwei einander gleich?« Er antwortete: »Nein, aber
ich kämpfe mit meinem Denken, um Gutes zu tun meinem
Hasser wie dem, der mich liebt.« Da sagte zu ihm der Altvater

48

Abraham: »Folglich leben die Leidenschaften, nur von den Heiligen werden sie gebunden.« (1) *140*

+

Der Altvater Matoe sagte: »Der Satan weiß nicht, durch welche Leidenschaft die Seele unterliegt. Er sät, aber er weiß nicht, ob er auch ernten wird. Die einen durch Unkeuschheit, die anderen durch ehrabschneiderische Gedanken, und so steht es auch mit den übrigen Leidenschaften. Wenn er sieht, zu welcher Leidenschaft eine Seele hinneigt, da macht er ihr den Führer.« (4) *516*

+

Ein Bruder sagte zum Abbas Sisoes: »Wie kommt es, daß die Leidenschaften nicht von mir weichen?« Der Greis sprach zu ihm: »Ihr Werkzeug ist in dir – gib ihnen ihr Pfand, und sie ziehen ab.« (6) *809*

+

Abbas Joseph fragte den Abbas Sisoes: »In welcher Zeit muß der Mensch seine Leidenschaften ausrotten?« Der Greis antwortete: »Die Zeiten willst du erfahren?« Abbas Joseph sagte: »Ja!« Darauf sagte der Greis: »Zur Stunde, in der die Leidenschaft kommt, rotte sie aus!« (22) *825*

+

Abbas Theona sagte: »Weil der Geist sich keine Zeit nimmt für die Betrachtung Gottes, darum werden wir Gefangene der fleischlichen Begierden.« *303*

+

Abbas Issak kam zum Altvater Poimen und sah, wie er ein wenig Wasser auf die Füße goß, und da er die Freiheit hatte, mit ihm zu reden, sagte er zu ihm: »Wie haben einige sich auf ungewöhnliche Strenge verlegt, indem sie ihren Leib hart behandelten?« Abbas Poimen sagte darauf: »Wir sind nicht gelehrt worden, Leibestöter zu sein, sondern Leidenschaftstöter!« (184) *758*

+

Der Altvater Daniel berichtet: Der Altvater Arsenios erzählte uns einmal von einem anderen – doch war es zweifellos er selber: Ein Greis saß in seinem Kellion, da kam eine Stimme zu ihm, die sprach: Komm her, und ich werde dir die Werke der Menschen zeigen! Der Sprecher führte ihn an einen Ort und zeigte ihm einen Äthiopier, der Holz spaltete. Er hatte einen großen Haufen beisammen, versuchte ihn aufzuheben und brachte es nicht fertig. Statt nun von ihm einzeln wegzunehmen, spaltete er noch mehr Holz und legte es auf einen Haufen. Das tat er lange Zeit. Der Sprecher ging weiter und zeigte ihm einen Mann, der an einem Teiche stand und Wasser daraus schöpfte, und zwar in eine durchlöcherte Zisterne, die das Wasser wieder in den Teich abfließen ließ. Wiederum sprach er zu ihm: Komm, ich werde dir etwas anderes zeigen! Er sah einen Tempel und zwei Männer zu Pferde. Sie trugen der Quere nach einen Balken, einer neben dem anderen. Sie wollten zum Tore hinein, konnten es aber nicht, weil der Balken quer lag. Keiner der beiden wollte sich herablassen, hinter dem anderen den Balken geradeaus zu tragen. Darum blieben sie außerhalb des Tempels. Die Träger bedeuten die, die das Joch der Gerechtigkeit mit Überheblichkeit schleppen; sie konnten sich nicht dazu verstehen, sich in die rechte Richtung zu bringen und auf dem demütigen Wege Christi zu gehen. Daher bleiben sie auch außerhalb des Reiches Gottes. Der Holzspalter aber ist in vieler Schuld: anstatt zu bereuen, fügt er andere Gesetzwidrigkeiten zu seinen Sünden dazu. Der Wasserschöpfer ist ein Mann, der zwar gute Werke tut, aber da er in ihnen eine üble Beimischung hat, ist er damit dem Verderben ausgeliefert, mitsamt seinen guten Werken. Es muß also jeder Mensch besonnen sein in seinen Werken, damit er sich nicht ins Leere abmüht. (33)   71

+

Ein Bruder fragte den Altvater Poimen über die Trägheit. Der Alte antwortete: »Die Trägheit steht vor allem Anfang, und es gibt keine ärgere Leidenschaft als sie. Aber wenn der Mensch erkennt, daß sie es ist, dann kommt er zur Ruhe.« (149)   723

+

Abbas Jesaja wurde gefragt, was die Habsucht ist, und er antwortete: »Nicht auf Gott vertrauen, daß er für dich sorgt, den Verheißungen Gottes mißtrauen und sich immer mehr ausbreiten wollen.« (9)   *256*

+

Abbas Jesaja wurde gefragt, was die Verleumdung ist, und er antwortete: »Gottes Herrlichkeit nicht kennen wollen und Neid gegen den Nächsten.« (10)   *257*

+

Abbas Johannes sprach: Wir kamen einmal aus Syrien zum Abbas Poimen und wollten ihn über die Herzenshärte fragen. Aber der Alte verstand nicht griechisch, und ein Dolmetscher war gerade nicht da. Wie der Greis unsere Verlegenheit bemerkte, begann er in griechischer Sprache zu reden: »Die Natur des Wassers ist weich, die des Steines hart – aber der Behälter, der über dem Steine hängt, läßt Tropfen um Tropfen fallen und durchlöchert den Stein. So ist auch das Wort Gottes weich, unser Herz aber hart. Wenn nun aber ein Mensch oft das Wort Gottes hört, dann öffnet sich sein Herz für die Gottesfurcht.« (183)   *757*

Ein Altvater sprach: *Ich will lieber besiegt werden mit Demut, als siegen mit Stolz.* (V, 15, 74) 1078

+

Die selige Synkletika sagte: So wie es unmöglich ist, ein Schiff zu bauen ohne Nägel, so kann auch ein Mensch ohne Demut nicht selig werden. (V, 15, 48) 1063

+

Abbas Poimen sagte: »Der Mensch bedarf der Demütigung und der Furcht Gottes wie des Atems, der aus seiner Nase hervorgeht.« (49) 623

+

Die Altväter lehrten: Wenn wir versucht werden, sind wir demütiger. Denn Gott sieht dann unsere Schwachheit und schützt uns. Wenn wir uns aber rühmen, nimmt er seinen Schutz von uns, und wir verderben. (V, 15, 67) 1073

+

Altvater Besarion gab die Mahnung: »Wenn du dich in Frieden befindest und nicht angefochten wirst, dann demütige dich besonders, damit nicht eine unberechtigte Freude über uns komme und wir uns rühmen und dem Kampfe überliefert werden. Denn oft läßt es Gott nur wegen unserer Schwäche nicht zu, daß wir ausgeliefert werden, damit wir nicht zugrundegehen.« (9) 164

+

Ein Altvater sprach: Niemals übertrat ich meine Ordnung, um höher zu steigen, und nie auch wurde ich verwirrt, wenn man mich gedemütigt hatte; denn all mein Denken geht dahin, Gott zu bitten, er wolle den alten Menschen in mir ausziehen. (V, 15, 62) 1070

+

Ein Greis wurde gefragt: Was ist die Demut? Und er antwortete: Die Demut ist ein großes, ja göttliches Werk! Der Weg zur
Demut ist aber dieser: Man soll körperliche Arbeit leisten, man
soll sich selbst für einen sündigen Menschen halten, man soll
sich allen unterwerfen. Der Bruder fragte: Was heißt das, allen
unterworfen sein? Der Greis erwiderte: Das heißt, allen unterworfen sein, wenn einer nicht auf die Fehler des anderen achtet,
sondern vielmehr die eigenen betrachtet, und wenn einer ohne
Unterbrechung zu Gott fleht. (V,15,82)   *1083*

+

Ein Bruder, der mit anderen Brüdern zusammenlebte, fragte den
Altvater Besarion: »Was soll ich tun?« Der Greis antwortete
ihm: »Schweige und miß dich nicht!« (mit anderen). (10)   *165*

+

Ein Bruder fragte einen Alten: »Was ist die Demut?« Dieser
antwortete: »Tu Gutes denen, die dir Übles tun.« Darauf fragte
der Bruder weiter: »Wenn aber ein Mensch nicht bis zu diesem
Maße gelangt, was soll er dann tun?« Der Greis antwortete: »Er
muß fliehen und schweigen.« (V,15,63)   *1071*

+

Ein Altvater antwortete auf die Frage, was die Demut sei: Die
Demut besteht darin, daß du deinem Bruder, der gegen dich
gefehlt hat, verzeihst, noch ehe er dich um Verzeihung gebeten
hat. (V,15,60)   *1068*

+

Abbas Or sagte: »Wer mehr als recht gelobt und geehrt wird, der
wird schwer bestraft. Wer überhaupt nicht von den Menschen
geachtet wird, der wird droben verherrlicht werden.« (10) *943*

+

Ein Greis pflegte zu sagen: Wer immer wieder von den
Menschen geehrt und gelobt wird, der erleidet nicht geringen

Schaden an seiner Seele. Wer aber von den Menschen überhaupt keine Ehre annimmt, der wird einst drüben von Gott geehrt werden. (III,112)   *1052*

+

Derselbe sagte: Es ist unmöglich, daß Pflanze und Same zu gleicher Zeit hervorgebracht werden. Ebenso unmöglich ist es, so fügte er bei, daß wir Lob und Ruhm der Welt genießen und dennoch zu gleicher Zeit auch Früchte für den Himmel hervorbringen. (III,113)   *1053*

+

Wiederum sagte er: Wie ein Schatz, den man einmal geöffnet hat, vermindert wird, ebenso vermindert sich eine veröffentlichte Tugend. Denn wie Wachs am Feuer schmilzt, so fällt auch die Seele von ihrer reinen Meinung ab, wenn sie vom Lob aufgelöst worden ist. (III,114)   *1054*

+

Man erzählte vom Altvater Makarios: Wenn ein Bruder zu ihm kam wie zu einem heiligen Greis und einem Großen und ihn voll Ehrfurcht behandelte, dann sprach er nicht zu ihm. Wenn aber einer von den Brüdern zu ihm kam und, wie um ihn herabzusetzen, sagte: »Abbas, wie du noch ein Kameltreiber warst und Natron stahlst und es verkauftest, haben dich da die Aufseher nicht verprügelt?« Wenn einer so mit ihm sprach, dann antwortete er mit Freuden, falls ihn jener etwas fragte. (31)   *484*

+

Ein Bruder hatte seinen Aufenthalt außerhalb des Dorfes, und viele Jahre kam er nicht ins Dorf und sagte zu den Brüdern: »Seht, wie viele Jahr ich schon lebe: und doch stieg ich noch nie ins Dorf hinauf! Ihr aber tut es ein ums andere Mal!« Man sprach über ihn zum Altvater Poimen, und dieser sagte: »Ich wäre in der Nacht hinaufgegangen und im Kreis um das Dorf herum, damit sich mein Gedanke nicht rühme, so als stiege ich nicht hinauf.« (110)   *684*

+

Abbas Poimen sprach: »Wenn der Mensch sich selber tadelt, hält er überall durch.« (95)   *669*

+

Wiederum sprach der Altvater Poimen zum Abbas Isaak: »Mache dir deinen Anteil an der Gerechtigkeit leicht, und du wirst Ruhe haben für deine wenigen Tage.« (141)   *715*

+

Abbas Rhomaios sagte: Ein Greis hatte einen guten Schüler, aber aus Geringschätzung trieb er ihn mit seinem Mönchsmantel hinaus. Der Bruder aber blieb draußen sitzen. Der Greis öffnete, fand ihn dasitzen, warf sich vor ihm nieder und sagte: »O Vater, die Demut deiner Hochherzigkeit hat meinen kleinen Geist besiegt. Komm herein, von nun an bist du der Greis und Vater, ich bin der Jüngere und der Schüler.« (2)   *800*

+

Von einem Altvater wurde erzählt, er habe siebzig Wochen in der Art gefastet, daß er jede Woche nur einmal aß. Dieser bat Gott, er wolle ihm einen Ausspruch der Heiligen Schrift erklären, aber Gott offenbarte es ihm nicht. Da sagte er zu sich selbst: Siehe, solche Mühe habe ich auf mich genommen, und es nützt mir nichts, ich will also zu meinem Bruder gehen und ihn fragen. Als er nun hinausgegangen war und die Tür verschloß, um wegzugehen, wurde zu ihm ein Engel des Herrn gesandt, der ihm sagte: Die siebzig Wochen, die du gefastet hast, haben dich Gott nicht nahe gebracht: jetzt aber, da du dich verdemütigt hast, zu deinem Bruder zu gehen, bin ich gesandt, dir die Stelle zu erklären. Und nachdem er ihm die Sache, die er suchte, erklärt hatte, verließ er ihn. (V,15,72)   *1077*

+

Abbas Or sprach: »Wenn der Gedanke des Stolzes und der Überheblichkeit über dich kommt, dann erforsche dein Gewissen, ob du alle Gebote beobachtet hast, ob du deine Feinde liebst und über ihr Unglück traurig bist und ob du dich für

einen unnützen Diener hältst und für sündiger als alle anderen –
dann wirst du nicht so hoch von dir denken, als hättest du alles
gut gemacht; denn wisse: durch diesen stolzen Gedanken wird
alles zunichte!« (11)   *944*

+

Ein Bruder besuchte einen Altvater und sagte: »Mein Vater, gib
mir eine gute Lehre, deren Beobachtung mich rettet.« Der Greis
antwortete ihm: »Wenn du Beschimpfungen und Verleumdun-
gen schweigend ertragen kannst, so ist das etwas Großes, das
alle Tugenden übertrifft.« (III, 85)   *1050*

+

Ein Mönch wurde von den Brüdern vor Antonios gelobt. Da
nahm er ihn vor und stellte ihn auf die Probe, ob er Beleidigun-
gen ertragen könne. Als er feststellen mußte, daß er sie nicht
ertrug, sagte er zu ihm: »Du gleichst einem Dorf, das zwar vorne
schön geschmückt ist, hinten jedoch von Räubern verwüstet
wird.« (15)   *15*

+

Einer der Väter sagte über Abbas Johannes: »Wer ist der
Johannes, der durch seine Demut die ganze Sketis an seinem
kleinen Finger aufgehängt hat?« (36)   *351*

Amma Synkletika sagte: »*Es ist gut, sich nie zu erzürnen.* Geschieht es aber doch, so billige dir nicht einmal die Spanne eines Tages für deine Leidenschaft zu, indem du sagst: Die Sonne soll nicht untergehen – – – (Eph 4,26). Sonst könnte es geschehen, daß du warten willst bis zum Untergang der Sonne, derweil dein Leben schon am Untergehen ist. Warum hassest du den Menschen, der dich gekränkt hat? Er ist nicht selber der Unrechttäter, sondern der Teufel. Hasse die Krankheit, aber nicht den Kranken!« (13)   904*

+

Ein Bruder fragte den Altvater Poimen: »Was heißt es, seinem Bruder eitel zürnen (* ohne einen Grund, der solchen Zorn rechtfertigt)?« (Mt 5,22) Und er sprach: »Der Bruder mag dich mit jeglicher Anmaßung übervorteilen: wenn du ihm zürnst, dann zürnst du eitel. Und wenn er dir das rechte Auge ausschlägt und die rechte Hand abhaut und du zürnst, dann ist das eitel Zorn. Wenn er dich aber von Gott trennen will, dann zürne!« (118)   692

+

Abbas Hyperechios sagte: »Wer die Zunge im Augenblick des Zornes nicht beherrscht, der wird auch die übrigen Leidenschaften nicht überwinden.« (3)   920

+

Ein Bruder, der in einem Kloster lebte und häufig zornig wurde, sprach zu sich selbst: Ich will in die Einsamkeit gehen, denn wenn ich niemanden mehr habe, mit dem ich streiten kann, wird sich vielleicht meine Leidenschaft legen. Als er aber in die Einöde gezogen war und allein in einer Höhle wohnte, geschah es, daß er eines Tages, als er seinen Wasserkrug gefüllt und auf den Boden gestellt hatte, zufällig etwas Wasser verschüttete. Als er den Krug ein zweites und drittes Mal wieder gefüllt hatte, nachdem ihm das Mißgeschick immer wieder passierte, packte er den Krug und zerschlug ihn in Stücke. Nachdem er sich wieder gefaßt hatte, sah er erst ein, daß ihn der Geist des Zornes verblendet hatte, und er sprach zu sich: Sieh, nun bin ich zwar allein, aber der Geist des Zornes hat mich auch hier erfaßt. Ich will daher wieder in mein Kloster zurückkehren, denn überall muß ich kämpfen und ertragen und bin auf Gottes Beistand angewiesen. Damit machte er sich auf und kehrte wieder an seinen vorigen Platz zurück. (III,98)   *1136*

+

Gefragt, was der Zorn sei, antwortete Abbas Jesaja: »Streitsucht, Lüge und Unwissenheit.« (11)   *258*

+

Altvater Makarios, der Ägypter, sagte: »Wenn du einen zu tadeln hast und dabei in Zorn gerätst, dann befriedigst du deine eigene Leidenschaft. Statt daß du andere rettest, verdirbst du dich selbst.« (17)   *470*

Abbas Poimen sprach: »*Der Eigenwille des Menschen ist eine Mauer aus Erz zwischen ihm und Gott*, ein Fels, an dem alles abprallt. Wenn nun ein Mensch seinen Willen aufgibt, dann sagt er selbst: In meinem Gott werde ich die Mauer übersteigen (Ps 17,307). Wenn also die Gerechtigkeit mit dem Willen zusammenstimmt, dann arbeitet der Mensch.« (54)   *628*

+

Einige Altväter sagten: Wenn du einen Jüngling siehst, der mit seinem eigenen Willen zum Himmel hinaufsteigt, dann halte seinen Fuß und ziehe ihn auf die Erde, denn das andere nützt ihm nichts. (V, 10, 111)   *1122*

+

Abbas Poimen sagte: »Sich vor dem Angesichte Gottes niederwerfen, sich nicht selber messen und den eigenen Willen hinter sich werfen, das sind die Werkzeuge der Seele.« (36)   *610*

+

Abbas Poimen sagte: »Führe deinen Willen nicht aus, denn notwendiger ist es, sich vor dem Mitbruder zu verdemütigen.« (158)   *732*

+

Einst kamen zwei Brüder zu einem Altvater, dessen Gewohnheit es war, nur alle zwei Tage zu essen. Als er die Brüder sah, nahm er sie mit Freuden auf und sprach: »Das Fasten hat wohl seinen Lohn. Wer aber aus Liebe ißt, der erfüllt zwei Gebote: er verleugnet nämlich seinen eigenen Willen und handelt nach dem Gebot, die Brüder zu erquicken.« (V, 13, 10)

+

Ein Einsiedler wohnte in einer Höhle neben einem Kloster und übte dort viele Tugenden. Als einmal einige Mönche aus dem Kloster gekommen waren, nötigten sie ihn, zu essen, und zwar zu einer sonst ungewohnten Stunde. Nach der Mahlzeit fragten ihn die Brüder: »Bist du betrübt, Vater, daß du heute etwas gegen deine Gewohnheit getan hast?« Er antwortete ihnen: »Es schmerzt mich, wenn ich den eigenen Willen getan habe!« (III,150)   *1060*

+

Als einmal an einem Festtage nach dem Gottesdienst die Brüder in der Kirche speisten, sagte einer von ihnen zu den Tischdienern: Da ich (* aus Enthaltsamkeit) nichts Gekochtes esse, laßt mir Salz bringen! Der Bruder, der dies gehört hatte, rief den übrigen laut zu, sie möchten jenem Bruder, da er nichts Gekochtes genieße, Salz bringen. Hierauf sagte der selige Theodor: Besser wäre es gewesen, du hättest in deinem Kellion Fleisch gegessen, als vor den Brüdern hier ein solches Wort hören zu lassen! (III,54)   *1044*

+

Ein Altvater sagte: Wenn jemand seinem Bruder etwas in Gottesfurcht und Demut aufträgt, so wird ein solches Wort, das um Gottes Willen gesagt wurde, den Bruder vermögen, zu gehorchen und in der Tat zu tun, was ihm aufgetragen wurde. Wenn aber jemand zu befehlen wünscht und dabei nicht gemäß der Gottesfurcht, sondern auf Grund eigener Autorität und eigenen Willens herrschen will, so läßt der, der die Geheimnisse des Herzens kennt, es nicht zu, daß dieser darauf höre und das tue, was ihm befohlen ward. Denn offenbar ist der Befehl Gottes Werk, wenn er um Gottes willen ergeht, aber er hat offensichtlich nur menschliche Autorität, wenn er aus eitler Ruhmbegierde erteilt wird. Was immer nämlich aus Gott ist, hat von Anfang an die Demut an sich, was aber aus Anmaßung, aus Zorn oder Gemütsbewegung geschieht, kommt vom Feind. (III,142) *1059*

+

Abbas Moses sagte: »Wenn die Tat nicht mit dem Gebet zusammenklingt, dann müht man sich vergebens.« Da sprach der Bruder: »Was ist das, Einklang von Tat und Gebet?« Der Greis darauf: »Das ist, daß wir das, worum wir bitten, nicht mehr selber tun. Wenn nämlich der Mensch seinen Willen aufgibt, dann versöhnt sich Gott mit ihm und nimmt sein Gebet an.« (17)   *511*

Man erzählte von Abbas Or und Abbas Theodor: *sie machten gute Anfänge* und dankten Gott in allem. (8)   *941*

+

Einmal traten die Dämonen an Arsenios heran in seinem Kellion, um ihn zu quälen. Da kamen seine Diener herzu; außerhalb des Kellion stehend, hörten sie ihn zu Gott aufschreien und sprechen: »O Gott, verlaß mich nicht! Ich habe zwar in deinen Augen noch nichts Gutes getan, aber in deiner Güte gewähre mir, einen Anfang zu machen.« (3)

+

Altvater Moses fragte den Altvater Silvanos: »Kann der Mensch täglich einen neuen Anfang machen?« Der Greis antwortete: »Wenn er ein Arbeiter ist, kann er sogar jede Stunde einen Anfang machen.« (11)   *866*

+

Der Altvater Pambo fragte den Altvater Antonios: »Was soll ich tun?« Der Alte entgegnete: »Baue nicht auf deine eigene Gerechtigkeit und laß dich nicht ein Ding gereuen, das vorbei ist, und übe Enthaltsamkeit von der Zunge und vom Bauch.« (6)

+   *6*

Ein Bruder sagte zum Altvater Poimen: »Ich habe eine große Sünde begangen und will drei Jahre dafür Buße tun.« Der Greis antwortete ihm darauf: »Das ist viel!« Der Bruder erwiderte: »Aber dann ein Jahr lang?« Der Greis darauf: »Das ist viel!« Die Anwesenden meinten: »Vierzig Tage.« Und wieder sprach der Greis: »Das ist viel. Ich sage euch: Wenn der Mensch aus ganzem Herzen bereut und sich vornimmt, die Sünde nicht mehr zu tun, dann nimmt ihn Gott auch bei einer Buße von drei Tagen wieder auf.« (12)   *586*

+

Als ein Altvater in der Sketis erkrankte, bedienten ihn Brüder. Und wie der Greis sah, wie sehr sie sich um ihn mühten, sprach er: »Ich gehe nach Ägypten, um diese Brüder zu entlasten.« Da sagte Abbas Moses zu ihm: »Geh nicht, sonst fällst du in Unzucht!« Jener aber sagte betrübt: »Mein Körper ist tot, und du sagst mir das?« Er erhob sich also und ging nach Ägypten. Als die herumwohnenden Leute das vernahmen, brachten sie ihm viel. Unter anderem kam auch eine gläubige Jungfrau, um dem kranken Altvater ihre Dienste anzubieten. Aber nach einiger Zeit, als es ihm schon etwas besser ging, ging er zu ihr ein, und sie empfing von ihm. Als sie von den Bewohnern des Ortes gefragt wurde, von wem sie empfangen habe, antwortete sie: »Von diesem Altvater!« Jene wollten ihr nicht glauben. Der Greis jedoch sagte: »Ich habe das getan. Aber ich bitte euch, bewahret mir das Kind, das sie gebiert.« Als diese einen Knaben geboren und ihn entwöhnt hatte, nahm der Alte das Kind auf seine Schultern, und an einem Festtag in der Sketis ging er hin und betrat vor der ganzen Menge der Brüder die Kirche, so daß alle, die ihn sahen, weinten. Er aber sagte: »Seht ihr dieses Kind? Es ist der Sohn meines Ungehorsams. Hütet euch also, Brüder, denn ich habe das in meinem Greisenalter getan, und betet für mich!« Und er ging in sein Kellion und kehrte zum früheren Lebenswandel von neuem zurück. (V, 5, 35)   *1220*

+

Ein Bruder fiel in eine Versuchung, und vor Verwirrung verlor er seine mönchische Regel. Und als er wieder anfangen wollte mit der Beobachtung der Regel, hielt ihn seine Verwirrung davon ab, und er sagte sich: Wann werde ich mich wieder so finden, wie ich war? Dabei verlor er den Mut und konnte es so niemals zu einem Anfang bringen. Da ging er zu einem Altvater und erzählte ihm, was mit ihm geschehen war. Der Greis hörte sich an, was ihn bedrückte, und gab ihm dann dieses Beispiel zu hören: Irgendein Mann besaß einen Acker, den er aber aus Nachlässigkeit verwildern ließ, so daß er von Disteln und Dornen übersät war. Später aber wollte er ihn wieder urbar machen und sagte zu seinem Sohne: Geh und reinige den Acker. Der Sohn ging hin, um ihn zu reinigen. Als er ihn aber betrachtet hatte, sah er die Menge des dort wachsenden Unkrauts und sprach ganz entmutigt zu sich selbst: Wie soll ich das alles ausrotten und fortschaffen? Und er warf sich zur Erde und schlief. Und so machte er es viele Tage lang. Als sein Vater kam, um nachzusehen, was er bereits gearbeitet hatte, fand er ihn müßig. Und er fragte ihn: Warum hast du bis jetzt nichts getan? Der Jüngling erwiderte seinem Vater: Als ich gekommen war, um zu arbeiten, sah ich die Unmenge von Disteln und Dornen, und da wußte ich nicht, wo ich anfangen sollte, und vor Unmut legte ich mich auf die Erde und schlief. Der Vater entgegnete ihm: Mein Sohn, arbeite täglich nur so viel, als dein Körper, wenn du liegst, Raum einnimmt, und so wird deine Arbeit allmählich voranschreiten, und du wirst dabei nicht verzagt sein. Als der Jüngling das gehört hatte, handelte er danach, und in kurzem war der Acker gereinigt und urbar gemacht. Mach auch du, Bruder, es so, arbeite nach und nach, so wirst du den Mut nicht verlieren, und Gott wird dich wieder in deine frühere Ordnung einsetzen durch seine Gnade. Als der Bruder das gehört hatte, ging er fort und tat, wie ihm der Greis gesagt hatte, indem er geduldig ausharrte. Und so fand er seine Ruhe und brachte es durch den Herrn Christus wieder vorwärts. (V, 7, 40)   *1151*

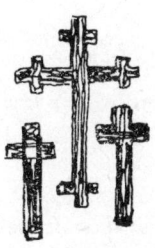

Einer sprach zum seligen Arsenios: »Wie kommt es, daß wir von so hoher Bildung und Philosophie nichts haben, diese Landleute und Ägypter dagegen so große Tugenden besitzen?« Der Altvater Arsenios entgegnete ihm: »Wir haben von der weltlichen Bildung nichts, *aber die ägyptischen Landleute haben durch eigene Bemühung die Tugenden erworben.*« (5)   43

+

Ein Altvater sprach: Wir kommen deshalb im Guten nicht voran, weil wir nicht Maß zu halten verstehen, noch auch bei angefangenen Arbeiten Geduld haben, sondern die Tugend ohne Mühe erlangen möchten. (V,7,23)   *1141*

+

Abbas Joseph berichtete über den Altvater Poimen: »Er sagte: das ist das Wort, das im Evangelium geschrieben steht: Wer einen Mantel hat, der verkaufe ihn und kaufe sich ein Schwert (Lk 22,36). Das heißt: Wer Ruhe hat, der gebe sie auf, und er gehe den steilen Weg.« (112)   *686*

+

Wiederum sagte er: »Wenn wir Gott suchen, wird er sich uns zeigen. Und wenn wir ihn festhalten, wird er bei uns bleiben.« (10)   *48*

+

Ein Altvater sagte: Der Mensch muß so lange arbeiten, bis er Christus besitzt. Wer ihn aber einmal erlangt hat, der ist von aller Gefahr befreit. Trotzdem muß er aber noch arbeiten, damit er durch die Mühe des Arbeitens stets daran erinnert bleibt, wie sehr man sich in allem in acht nehmen muß und stets in Furcht sein muß, so großer Mühe Preis nicht zu verlieren. Denn darum hat auch Gott die Kinder Israels vierzig Jahre lang in der Wüste herumgeführt, damit sie in Erinnerung des schweren zurückgelegten Weges nicht etwa Lust bekämen umzukehren. (VII,28,1)   *982*

Einer von den Vätern fragte den Altvater Johannes Kolobos, was ein Mönch sei, und er antwortete: »Mühe! Denn der Mönch müht sich ab in jedem Werk. So ist der Mönch!« (37)   *352*

+

Der Altvater Antonios sagte: Ein Mönch, der wenige Tage arbeitet und dann nachläßt, um dann wieder zu arbeiten und schließlich wieder müßig ist, der tut nichts und ist nicht beharrlich in Geduld. (VII, 27, 1)   *1138*

+

Altvater Gregorios sagte: »Das ganze Leben des Menschen ist ein Tag für jene, die mit (geistlicher) Sehnsucht sich abmühn.« (2)   *175*

+

Spruch des Altvaters Antonios: »Wer ein Stück Eisen hämmert, überlegt zuerst, was er machen will, eine Sichel, ein Schwert oder ein Beil. So müssen auch wir überlegen, welche Tugend wir anstreben wollen, damit wir uns nicht ins Leere bemühen.« (35)   *35*

DAS GOETTLICHE FEUER ENTFACHEN MIT TRAENEN UND MUEHEN

AMMA SYNKLETIKA

*Über Askese
als seelisches Konditionstraining*

Die Amma Synkletika sprach: *Die zu Gott gehen, haben am Anfang Kampf und vielerlei Beschwerde.* Hernach jedoch ist die Freude unaussprechlich. Wie nämlich diejenigen, die Feuer anzünden wollen, zuerst vom Rauch belästigt werden und weinen müssen und auf diese Weise das Gewünschte erreichen – denn es steht geschrieben: Unser Gott ist ein verzehrendes Feuer (Hebr 12,29) –, so müssen auch wir das göttliche Feuer in uns entfachen mit Tränen und Mühen. (1) 892

✝

Abbas Poimen sagte: »Wie der Rauch die Bienen vertreibt und von ihrer Arbeit die Süßigkeit nimmt, so vertreibt die körperliche Bequemlichkeit die Furcht Gottes aus der Seele und zerstört ihr ganzes Werk.« (57) 631

✝

Altvater Daniel sagte: »Je mehr der Leib blüht, desto mehr wird die Seele geschwächt, und je mehr der Leib geschwächt wird, desto mehr blüht die Seele.« (4) 186

✝

Von einem Altvater wird erzählt: Wenn ihm seine Gedanken vorsagten: Laß heute nach, du kannst ja morgen wieder Buße tun, dann widersprach er ihnen mit den Worten: »Nein, sondern heute will ich Buße tun; morgen aber geschehe Gottes Wille!« (V,11,44) 991

✝

Ein Altvater sprach: Ein Mönch muß täglich, früh und spät, sich fragen, was er nach dem Willen Gottes getan hat oder nicht. Und so muß ein Mönch sein ganzes Leben in Buße zubringen, so wie auch der heilige Arsenios gelebt hat. (V,11,39)   *993*

+

Altvater Antonios sagte: »Es gibt solche, die ihren Leib mit Bußübungen aufgerieben haben. Da sie aber die Unterscheidungsgabe nicht hatten, haben sie sich von Gott weit entfernt.« (8)   *8*

+

Da war einer, der in der Wüste nach wilden Tieren Jagd machte. Er sah, wie der Altvater Antonios mit den Brüdern Kurzweil trieb, und er nahm Ärgernis daran. Da nun der Greis ihm klar machen wollte, daß man sich zuweilen zu den Brüdern herablassen müsse, sprach er zu ihm: »Lege einen Pfeil auf den Bogen und spanne!« Er machte so. Da sagte er zu ihm: »Spanne noch mehr!« – – – Und er spannte. Abermals forderte er ihn auf: »Spanne!« Da antwortete ihm der Jäger: »Wenn ich über das Maß spanne, dann bricht der Bogen.« Da belehrte ihn der Greis: »So ist es auch mit dem Werk Gottes. Wenn wir die Brüder übers Maß anstrengen, versagen sie schnell. Man muß also den Brüdern ab und zu entgegenkommen.« Als der Jäger das hörte, ging er in sich, und mit großem Gewinn schied er von dem Altvater. Die Brüder aber kehrten gefestigt an ihren Ort zurück. (13)   *13*

Abbas Poimen sagte: »*Die Armut, die Bedrängnis, die Enge und das Fasten sind die Werkzeuge* des Einsiedlerlebens. Denn es steht geschrieben: Wenn nur diese drei Männer darinnen sind: Noe, Job und Daniel, so wahr ich lebe, spricht der Herr (Ez 14,14.20). Noe ist das Bild der Besitzlosigkeit, Job der Plage, Daniel der Unterscheidung. Wenn diese drei Haltungen im Menschen sind, dann wohnt der Herr in ihm.« (60)   *634*

+

Abbas Poimen sprach: »Drei körperliche Übungen fanden wir am Altvater Pambo: tägliches Fasten bis zum Abend, Schweigen und viel Handarbeit.« (150)   *724*

+

Abbas Poimen sprach: »Man muß das Leibliche fliehen. Wenn nämlich der Mensch der körperlichen Anfechtung nahe ist, dann gleicht er einem Menschen, der über einem sehr tiefen Sumpfe steht. Wenn der Feind meint, daß seine Stunde da ist, dann stürzt er ihn mit Leichtigkeit in die Tiefe. Wenn er aber dem Körperlichen ferne ist, gleicht er einem Mann, der vom Sumpfe weit weg ist: Der Feind mag zerren, um ihn in die Tiefe zu stürzen – je mehr er zerrt und Gewalt anwendet, desto mehr hilft Gott.« (59)   *633*

+

Einmal kam ein Bruder zum Altvater Poimen und sagte: »Was soll ich tun, Vater, denn ich werde zur Unkeuschheit versucht? Und siehe, ich ging zum Abbas Ibistion, und er sagte zu mir: ›Du darfst sie nicht lange in dir verweilen lassen.‹« Abbas Poimen sprach zu ihm: »Abbas Ibistion und seine Taten sind bei den Engeln droben. Es ist ihm verborgen, daß du und ich noch in der Unkeuschheit sind. Wenn aber der Mensch seinen Bauch beherrscht (* durch Fasten) und die Zunge (* durch Schweigen) und das Wanderleben (* durch Ausharren in seinem Kellion), dann habe Mut: er stirbt nicht!« (62)   *636*

+

Ein Bruder fragte den Altvater Tithoe: »Wie kann ich mein Herz bewahren?« Der Greis antwortete ihm: »Wie können wir unser Herz bewahren, wenn Mund und Bauch offenstehen?« (3) *912*

+

Man erzählte von dem Altvater Dioskuros Nachiastes, daß sein Brot aus Gerste war oder aus Linsen. Jedes Jahr begann er mit einer neuen Übung: »Dieses Jahr werde ich niemand besuchen«, oder: »ich werde nicht sprechen«, oder: »nichts Gekochtes genießen«, oder »kein Obst oder Gemüse essen«. Bei all seiner Tätigkeit machte er es so, und wenn er mit etwas fertig war, dann nahm er etwas anderes vor. So tat er Jahr für Jahr. (1) *191*

+

Abbas Elegrius sprach: Einen unruhigen und ausschweifenden Geist bestärkt das Lesen, Wachen und Beten. Die Glut der Begierden aber löscht der Hunger, die Arbeit und der Fleiß. Und den erregten Zorn unterdrückt der Psalmengesang, die Geduld und die Barmherzigkeit, jedoch alles zur rechten Zeit und in rechtem Maß. Denn unzeitig oder maßlos getan, hilft es nur wenig und bringt fast mehr Schaden als Nutzen. (V, 10, 19) *973*

+

Einmal kamen Brüder zum Altvater Pambo, und einer fragte ihn: »Ich faste jeweils zwei Tage und esse zwei Zwiebacke. Rette ich so meine Seele, oder bin ich im Irrtum?« Und ein anderer sagte so: »Ich verdiene mir mit meiner Handarbeit täglich zwei Johannisbrotschoten, davon verwende ich ein wenig zu meiner Nahrung, das übrige gebe ich als Almosen. Werde ich da gerettet, oder gehe ich zugrunde?« So stellten sie ihm noch viele Fragen, aber er gab keine Antwort. Nach vier Tagen waren sie daran wegzugehen, und die Kleriker ermunterten sie: »Macht euch keine Sorgen, Brüder: Gott gibt euch den Lohn! So ist es halt die Gewohnheit des Greises: er redet nicht leicht, wenn Gott es ihm nicht deutlich zu erkennen gibt.« Sie gingen also zum Greis hinein und sagten zu ihm: »Vater, bete für uns!« Er sagte zu ihnen: »Wollt ihr denn weggehen?« Sie sagten: »Ja!« Da übertrug er ihre Übungen auf sich selber und schrieb sie auf die Erde, indem er sprach: Pambo fastet zwei Tage lang und ißt nur zwei Brote – aber wird er dadurch ein Mönch? Nein! Und Pambo erarbeitet zwei Schoten und gibt sie als Almosen – wird er dadurch zum Mönch? Noch nicht! Dann belehrte er sie: »Eure Übungen sind gut, aber wenn ihr euer Gewissen vor Fehlern gegen den Nächsten bewahrt, dann werdet ihr gerettet werden.« Zu klarer Erkenntnis gelangt, gingen sie mit Freuden davon. (2)   763

+

Amma Synkletika sagte: »Es gibt eine überspannte Askese, die vom Feinde ist. Denn auch seine Schüler üben sie. Wie nun unterscheiden wir die göttliche, die königliche Askese von der tyrannischen, dämonischen? Offenkundig durch das Maß. Alle deine Zeit sollst du eine Norm für das Fasten haben. Faste nicht vier oder fünf Tage, und brich es nicht die übrige Zeit durch eine Fülle der Speisen. Denn überall ist die Maßlosigkeit verderben-bringend. Solange du jung und gesund bist, faste. Es kommt das Alter mit seiner Schwäche. Soviel du kannst, häufe dir einen Schatz an (geistlicher) Nahrung auf, damit du Ruhe findest, wenn du nicht mehr kannst.« (15)   906

Abbas Johannes Kolobos lehrte: »Wenn ein König eine feindliche Stadt einnehmen will, dann bemächtigt er sich zuerst des Wassers und schneidet die Zufuhr ab, und wenn sie am Verhungern sind, unterwerfen sie sich ihm. So ist es auch mit den Begierden des Fleisches: *Wenn der Mensch mit Fasten und Hungern gegen sie zu Felde zieht, dann werden die Feinde gegen die Seele kraftlos.«* (3)   *318*

+

Ein Altvater sprach: Wenn unser äußerer Mensch sich nicht nüchtern beträgt, ist es unmöglich, den inneren zu bewahren. (V,11,45)   *979*

+

Ein Altvater lehrte: Nicht das, wonach dich gerade gelüstet, sollst du essen, sondern iß, was dir von Gott zugeschickt wird, und sage ihm Dank. (VII,1,4)   *981*

+

Amma Synkletika sprach: »Wenn du fastest, dann schütze nicht Krankheit (* die als Folge drohe) vor, denn auch die, die nicht fasten, verfallen häufig den gleichen Krankheiten. Hast du mit einem guten Werk angefangen, dann laß dich nicht abtreiben durch den Feind, der dich schlägt. Denn er wird durch deine Geduld zunichte gemacht. Denn jene, die sich auf Seefahrt begeben, haben zuerst günstigen Wind, hernach, wenn sie die Segel ausgespannt haben, treffen sie auf Gegenwind, aber wegen des eingefallenen Windes erleichtern die Schiffer das Fahrzeug nicht. Sie legen vielmehr eine kleine Ruhepause ein und kämpfen sich mit dem Sturme ab und setzen dann die Fahrt wieder fort. So müssen auch wir sein: wenn ein widriger Wind sich einstellt, müssen auch wir das Kreuz als Segel ausspannen und ohne Furcht die Fahrt zu Ende führen.« (9)   *900*

+

Amma Synkletika sagte: »Die Üppigkeit der Weltleute soll dich nicht reizen, als wäre sie etwas Wertvolles, es geht doch dabei nur um Lust. Denn bei ihnen ist die Kochkunst in Ehren, aber durch Fasten und einfache Speise bist du dem Überfluß ihrer Nahrung überlegen. Denn es heißt: Eine Seele im Überfluß spottet der Honigwaben (Spr 27,7). Sättige dich nicht mit Brot (* iß dich nicht satt daran!) und verlange nicht nach Wein.« (4)

895

+

Abbas Poimen sagte: Wenn nicht der Oberkoch Nabuzardan gekommen wäre, dann wäre der Tempel des Herrn nicht verbrannt worden (2 Kg 25,8). Das bedeutet: Wenn die Seele nicht bei den Freuden des Magens Erquickung suchte, dann fiel der Geist nicht in dem Kampf gegen den Feind. (16)

590

+

Abbas Joseph fragte den Altvater Poimen, wie man fasten müsse. Der Altvater Poimen sagte: »Ich will, daß jeder, der ißt, täglich ein wenig ißt.« Da sagte Abbas Joseph: »Als du jünger warst, hast du da nicht jeweils zwei Tage gefastet?« Der Greis erwiderte: »Wirklich, auch drei und vier und eine Woche. Und das alles billigten die Väter, weil sie kräftig waren. Sie fanden aber, daß es besser sei, täglich zu essen, jedoch nur wenig. Und sie überlieferten uns den königlichen Weg, weil er leicht ist.« (31)

605

+

Abbas Isidor, der Presbyter, sagte: »Wenn ihr in der rechten Weise durch Fasten Askese übt, dann werdet ihr nicht aufgeblasen; denn wenn ihr euch dessen rühmt, wäre es besser für euch, Fleisch zu essen. Es nützt dem Menschen mehr, Fleisch zu essen, als sich aufzublasen und sich groß zu rühmen.« (4)

412

+

Abbas Hyperechios sagte: »Besser ist es, Fleisch zu essen und Wein zu trinken, als in verleumderischen Reden das Fleisch der Brüder zu essen.« (4)

921

+

Einmal kamen der Altvater Silvanos und sein Schüler Zacharias in ein Kloster, und man veranlaßte sie, ein wenig zu essen vor der Wanderung. Als sie weggingen, fand der Schüler am Wege Wasser und wollte trinken. Und der Greis sprach zu ihm: »Zacharias, heute ist Fasttag.« Der aber sagte: »Haben wir nicht gegessen, Vater?« Der Greis antwortete: »Es stimmt, wir haben gegessen, aber es war ein Liebesmahl, wir aber wollen unser Fasten halten, Kind.« (1)   *856*

+

Der Altvater Kassian erzählte: »Ich und der heilige Germanos kamen einmal nach Ägypten zu einem Altvater. Er erwies uns Gastfreundschaft, und wir fragten ihn: ›Warum haltet ihr zur Zeit der Aufnahme von Gästen, die Brüder sind, die Regel eures Fastens nicht, wie wir sie in Palästina übernommen haben?‹ Er antwortete: ›Das Fasten ist allezeit bei mir, euch jedoch kann ich nicht immer bei mir haben. Das Fasten ist eine nützliche und notwendige Sache. Es hängt aber von unserer Entscheidung ab. Die Erfüllung der Liebe aber verlangt mit Notwendigkeit das Gesetz Gottes. In euch nun nehmen wir Christus auf. Darum muß ich mit allem Eifer darauf bedacht sein. Wenn ich euch dann entlasse, kann ich die Regel des Fastens wieder aufnehmen. Es können die Söhne des Brautgemachs nicht fasten, solange der Bräutigam bei ihnen ist, wenn er aber weggenommen ist, dann werden sie mit Recht fasten.‹« (Mt 9,15). (1)   *427*

Abbas Poimen sagte: *»Bist du ein Freund des Schweigens, dann wirst du Ruhe haben an jedem Orte, an dem du wohnst.«* (84) *658*

+

Bischof Epiphanios sagte: »Die Fehler der Gerechten finden sich auf den Lippen, die der Gottlosen haften am ganzen Leib. Darum singt David: Herr, setze eine Wache vor meinen Mund und eine gutverwahrte Türe vor meine Lippen (Ps 28,2). Und: Ich habe gesagt: Ich will meine Wege behüten, daß ich nicht fehle mit meiner Zunge« (Ps 38,2). (12) *207*

+

Einmal sprach der Altvater Sisoes voll Zuversicht: »Siehe, jetzt sind es dreißig Jahre, daß ich nicht mehr wegen einer Sünde zu Gott bete, aber darum bitte ich: ›Herr Jesus, schütze mich vor meiner Zunge‹ – und trotzdem falle ich noch täglich durch sie und sündige.« (5) *808*

+

Ein Bruder befragte den Altvater Matoe: »Was soll ich tun? Meine Zunge macht mir Schwierigkeiten! Wenn ich mitten unter die Menschen gehe, dann kann ich sie nicht zwingen. Ich beurteile sie in jedem guten Werk und tadle sie. Was soll ich also tun?« Der Greis antwortete ihm: »Wenn du dich nicht beherrschen kannst, dann fliehe in die Einsamkeit. Denn es ist eine Schwäche. Wer mit den Brüdern zusammenwohnt, der darf nicht viereckig sein, sondern muß rund sein, damit er sich allen zuwenden kann.« Und der Abbas bekannte von sich: »Es ist nicht die Tugend, derentwegen ich in der Einsamkeit sitze, sondern die Schwäche. Die Starken sind es, die unter die Menschen gehen.« (13) *525*

+

Brüder besuchten von der Sketis aus den Altvater Antonios. Sie bestiegen ein Schiff, um zu ihm zu kommen. Dort trafen sie einen Alten, der auch dorthin kommen wollte, doch die Brüder kannten ihn nicht. Als sie im Schiffe waren, unterhielten sie sich über Aussprüche der Väter, über Worte der Schrift und auch über ihre Handarbeit. Der Alte aber schwieg. Als sie nun am Landeplatz waren, zeigte es sich, daß der Alte auch auf dem Weg zum Altvater Antonios war. Als sie dann bei diesem ankamen, sprach Antonios zu ihnen: »An diesem Alten habt ihr einen guten Begleiter gefunden.« Er sagte aber auch zu dem Greis: »Treffliche Leute hast du bei dir.« Der Greis erwiderte: »Gut sind sie schon, aber ihr Gehöft hat kein Tor, und jedermann kann in den Stall hineingehen und den Esel losbinden.« Das sagte er, weil sie alles herausschwätzten, was ihnen in den Mund kam. (18)   *18*

+

Man erzählte über den Altvater Agathon: Drei Jahre trug er einen Stein im Munde, bis er zurechtkam mit dem Schweigen. (15)   *97*

+

Einmal kamen Greise zum Altvater Arsenios und baten sehr, mit ihm zusammenzutreffen. Und er öffnete ihnen. Sie baten ihn um ein Wort über die Beschaulichen, die mit niemand zusammentreffen wollen. Da belehrte sie der Alte: »Solange die Jungfrau im Hause des Vaters ist, wollen viele sie werben. Hat sie aber einen Mann genommen, dann gefällt sie nicht mehr allen. Die einen setzen sie herab, die anderen loben sie, und sie ist nicht mehr so geehrt wie früher, da sie verborgen war. So ist es auch mit dem Seelischen: Wird es an die Öffentlichkeit gezerrt, dann kann es nicht alle überzeugen.« (44)   *82*

+

Altvater Theophilos, der Erzbischof, kam einmal in die Sketis. Die Brüder versammelten sich und sagten zum Altvater Pambo: »Halte an den Vater (papa) eine Ansprache, damit er einen Gewinn habe.« Der Alte aber sagte zu ihnen: »Wenn er aus meinem Schweigen keinen Nutzen zieht, dann kann er es auch nicht aus einer Rede.« (2)   *305*

+

Abbas Poimen sagte: »Der Sieg über jede Plage, die über dich kommt, ist das Schweigen.« (37)   *611*

+

Der Altvater Nisteroos wurde vom Altvater Poimen gefragt, woher er sich diese Tugend erworben habe, daß ihm niemals eine Beschwernis begegnete im Kloster, er nicht redete und in nichts sich einmischte. Er antwortete: »Verzeih mir, Abbas, am Anfang, als ich ins Kloster kam, sagte ich zu mir: Du und der Esel, ihr seid eines. Wie der Esel geschunden wird und kein Wort sagt, mißhandelt wird, und nichts antwortet, so mußt auch du sein. Wie der Psalm sagt: Wie ein Lasttier bin ich vor dir geworden, und ich bin immer mit dir« (Ps 72,22). (2)   *562*

+

Abbas Johannes Kolobos war glühend im Geiste. Ein Besucher lobte sein Werk. Er arbeitete gerade an einem Seile. Und er schwieg. Wieder versuchte der andere, ein Wort aus ihm herauszubringen, aber wieder schwieg er. Beim dritten Mal sagte er zu dem Besucher: »Seit du hier hereingekommen bist, hast du Gott von mir verjagt.« (32)   *347*

+

Ein gewisser Greis in der Sketis war zwar fleißig in allen körperlichen Übungen, aber nicht eben scharf im Denken. Dieser kam zum Altvater Johannes Kolobos und befragte ihn über die Vergeßlichkeit. Nachdem er von ihm ein Wort gehört hatte, ging er in sein Kellion zurück und vergaß, was ihm der Altvater gesagt hatte. Er ging wieder zurück und fragte wieder, und er bekam die Anweisung in der gleichen Form und kehrte heim. Aber kaum war er in seinem Kellion, da hatte er es schon wieder vergessen. So kam er sehr oft, aber auf dem Heimweg wurde die Vergeßlichkeit Herr über ihn. Hernach begegnete er dem Greis und sagte: »Vater, weißt du, daß ich wieder vergessen habe, was du mir gesagt hast? Aber ich wollte dir nicht lästig fallen, und deshalb kam ich nicht mehr.« Da sprach der Altvater Johannes zu ihm: »Bring jetzt andere Lichter und zünde sie daran an.« Er machte es so. Nun sprach der Altvater Johannes zu ihm: »Hat etwa das Licht abgenommen, weil du an ihm andere angezündet hast?« Der Greis: »Nein!« Da sagte der Altvater: »So auch Johannes nicht. Und wenn die ganze Sketis zu mir käme, würde sie mich doch nicht von der Liebe Christi abbringen. Also, wenn du willst, dann komm und habe keine Bedenken!« Und so, wegen der Geduld der beiden, nahm Gott die Vergeßlichkeit von dem Alten. Das ist das Verfahren der Sketioten: Denen, die angefochten sind, Zuversicht einzuflößen und sich selber Gewalt anzutun, um andere für das Gute zu gewinnen. (18)   *333*

+

Abbas Poimen sagte: Da ist ein Mensch, der scheint zu schweigen, aber sein Herz verurteilt andere. Ein solcher redet in Wirklichkeit ununterbrochen. Und da ist ein anderer, der redet von der Frühe bis zum Abend, und doch bewahrt er das Schweigen, das heißt, er redet nichts Nutzloses. (27)   *601*

+

Ein Bruder fragte den Altvater Poimen: »Ist Reden besser als Schweigen?« Der Greis antwortete ihm: »Wer Gottes wegen redet, tut gut daran, wer Gottes wegen schweigt, tut ebenso gut.« (147)   *721*

Abbas Hyperechios sagte: »*Der Gehorsam ist für den Mönch ein Kleinod*. Wer es gewonnen hat, wird von Gott erhört werden, und mit Zuversicht wird er beim Gekreuzigten stehen, denn der gekreuzigte Herr wurde gehorsam bis zum Tode« (Phil 2,8). (8)

925

+

Der heilige Antonios lehrte: Wenn einer schnell zur Vollkommenheit gelangen will, dann darf er nicht sein eigener Lehrmeister sein wollen, noch seinem eigenen Willen nach leben, auch dann nicht, wenn das, was er will, recht und gut ist, sondern nach dem Ausspruch des Erlösers soll jeder bestrebt sein, vor allem sich selbst zu verleugnen und dem eigenen Willen zu entsagen. Denn so spricht der Heiland: »Ich bin nicht gekommen, meinen Willen zu tun, sondern den Willen dessen, der mich gesandt hat« (Joh 5,30). Der Wille Christi aber war niemals dem Willen seines Vaters entgegen; denn da er gekommen war, uns Gehorsam zu lehren, so wäre er selbst als ein Ungehorsamer erfunden worden, wenn er seinen eigenen Willen getan hätte. Um wieviel mehr müssen wir für ungehorsam angesehen werden, wenn wir dem eigenen Willen nachleben wollten. (II, 30.)   *1160*

+

Man erzählte vom Altvater Johannes Kolobos: Er zog sich zu einem thebaischen Greis in die Sketis zurück und führte ein Einsiedlerleben in der Wüste. Da nahm der Abbas ein dürres Stück Holz, pflanzte es ein und sagte: »Begieße es täglich mit einem Eimer Wasser, bis es Frucht bringt.« Sie waren so weit vom Wasser entfernt, daß er spät abends fortgehen mußte, um in der Frühe wieder zurück zu sein. Nach drei Jahren kam Leben in das Holz, und es brachte Frucht. Der Alte nahm die Frucht, brachte sie in die Versammlung und sprach zu den Brüdern: »Nehmt und eßt die Frucht des Gehorsams.« (1)   *316*

+

Abbas Mios, der Sohn des Beleos, sprach: Gehorsam steht für Gehorsam. Wenn einer Gott gehorcht, gehorcht Gott auch ihm.
(1)   *539*

+

82

Einer von den Brüdern berichtete: Ich kam einmal nach Herakleos im Unterland zum Altvater Joseph, er hatte im Kloster einen prächtigen Maulbeerbaum. Er sprach zu mir in der Frühe: »Geh und iß!« Es war aber Karfreitag, und ich ging nicht hin wegen des Fastens. Ich befragte mich bei ihm: »Bei Gott, gib mir den Grund an: siehe, du sagtest: geh und iß! Ich aber bin wegen des Fastens nicht gegangen, und ich mußte mich schämen, wenn ich an deine Weisung dachte; denn ich überlegte: aus welchem Grund sagt mir das der Greis? Was hätte ich also tun sollen, nachdem du gesagt hattest: geh und iß?« Er antwortete: »Die Väter sagen den Brüdern am Anfang nichts Richtiges, sondern mehr das Verkehrte, und wenn sie dann sehen, daß diese das Verkehrte tun, dann reden sie nicht mehr das Verkehrte, sondern die Wahrheit. Dann wissen sie nämlich, daß sie in allem gehorsam sind.« (5)   *388*

+

Vier Mönche der Sketis kamen zum großen Altvater Pambo. Sie trugen Felle, und jeder rühmte die Tugend seines Gefährten. Der eine war ein großer Faster, der andere liebte die Armut, und der dritte hatte sich große Liebe erworben, und vom vierten sagten sie, daß er seit zweiundzwanzig Jahren unter dem Gehorsam eines Alten stehe. Abbas Pambo antwortete ihnen: »Ich sage, die Tugend dieses (letzten) Mönches ist die größte, denn jeder andere von euch hat die Tugend, die er erworben hat, frei gewählt. Er aber hat seinen Willen getötet und tut den Willen eines anderen. Derartige Männer gelten als Bekenner (* »Märtyrer«), wenn sie bis zum Ende daran festhalten.« (3)

+   *764*

Einer von den Greisen erwähnte: Der heilige Basileios kam ins Koinobion, und nach der herkömmlichen Belehrung fragte er den Hegumenos (Vorsteher): »Hast du hier einen Bruder, der im Gehorsam ausgezeichnet ist?« Der antwortete: »Alle sind deine Diener und bestreben sich, das Heil zu erlangen.« Wiederum fragte Basileios: »Hast du in Wahrheit einen mit Gehorsam?« Da führte er ihm einen Bruder vor, und der heilige Basileios verwendete ihn beim Frühstück als Diener. Nach dem Mahle brachte ihm der Bruder das Waschwasser. Da sprach der heilige Basileos zu ihm: »Komm her, und auch ich werde dir das Wasser zum Waschen reichen.« Der aber ließ es sich gefallen, daß er ihm das Wasser übergoß. Und Basileios sprach zu ihm: »Wenn ich in das Heiligtum komme, dann tritt herzu, und ich werde dich zum Diakon weihen.« Nachdem das geschehen war, machte er ihn zum Priester, und er nahm ihn wegen seines Gehorsams mit an seinen Bischofssitz.   *155*

+

Ein Bruder kam zu Abbas Serapion, und der Greis forderte ihn auf, nach seiner Gewohnheit ein Gebet zu sprechen. Der aber nannte sich einen Sünder und unwert des Mönchsgewands und ließ sich nicht beruhigen. Er wollte ihm die Füße waschen, aber er sprach die gleichen Worte und ließ es nicht zu. Er veranlaßte ihn auch zu essen, und der Greis fing selber an zu essen. Und er belehrte ihn mit den Worten: »Kind, wenn du Nutzen haben willst, dann halte in deinem Kellion aus, achte auf dich und deine Handarbeit. Denn das Herausgehen bringt dir für den Fortschritt nicht den Nutzen wie das Stillsitzen.« Als er das hörte, ärgerte er sich, und sein Aussehen veränderte sich so, daß es dem Greis nicht verborgen blieb. Nun sprach der Altvater Serapion zu ihm: »Bis jetzt hast du gesagt: ich bin ein Sünder, und klagtest dich an, des Lebens nicht würdig zu sein. Nachdem ich dich aber in Liebe erinnert habe, bist du so wild geworden. Wenn du demütig sein willst, dann lerne es mannhaft ertragen, was dir von anderen zugebracht wird und halte an dich mit leeren Worten.« Als der Bruder das hörte, fiel er dem Greis zu Füßen und ging dann mit großem Nutzen weg. (4)   *878*

+

Man erzählte vom Altvater Silvanos, daß er einen Schüler in der Sketis hatte, mit Namen Markos. Er war sehr gehorsam und war ein Schönschreiber. Der Alte liebte ihn wegen seines Gehorsams. Er hatte noch andere elf Schüler, und die nahmen es übel, daß er diesen mehr liebte als die anderen. Als die Alten das hörten, wurden sie betrübt. Sie kamen nun eines Tages zu ihm und klagten ihn an. Er ging mit ihnen hinaus und klopfte an ein Kellion: »Du Bruder, komm heraus, ich brauche dich!« Aber nicht einer von ihnen folgte ihm auf der Stelle. So kam er an das Kellion des Markos und sagte: »Markos!« Kaum hatte er die Stimme des Greises gehört, da sprang er auf der Stelle heraus, und der schickte ihn zur Dienstleistung weg. Und er sprach zu den Greisen: »Wo sind die übrigen Brüder, ihr Väter?« Silvanos ging in das Kellion hinein und sah dessen Handschrift durch. Und er fand, daß er gerade dabei war, ein O zu schreiben. Als er aber den Alten hatte rufen hören, da drehte er das Schreibrohr nicht mehr, um das O zu vollenden. Da sagten die Alten zu ihm: »Mit Recht liebst du ihn, und auch wir lieben ihn, und auch Gott liebt ihn!« (1) *526*

✝

Man erzählte vom Altvater Silvanos: Als er einmal in der Sketis mit Greisen umherwanderte, wollte er ihnen den Gehorsam des Schülers Markos vor Augen führen, und warum er ihn liebe. Er sah ein kleines Wildschwein, und er sagte zu ihm: »Siehst du die kleine Antilope, mein Sohn?« Er sagte zu ihm: »Ja, Vater!« »Und seine Hörner, sind sie nicht prächtig?« »Ja, Abbas!« Die Alten wunderten sich über diese Antwort und erbauten sich an seinem Gehorsam. (2) *527*

✝

Abbas Pistos erzählte: Wir gingen unser sieben zum Altvater Sisoes, der in Klysma wohnte, und baten ihn, uns ein Wort zu sagen: Er antwortete: Verzeiht mir, ich bin ein einfältiger Mensch. Aber ich kam zum Abbas Or und zum Abbas Athre. Der Abbas Or aber war schon achtzehn Jahre krank. Ich warf mich vor ihm nieder und bat ihn um ein Wort. Und Abbas Or sprach: Was hätte ich dir zu sagen? Geh und tu, was du siehst. Gott ist mit dem, der ein übriges tut und gegen sich in allem Gewalt braucht. Abbas Or und Abbas Athre waren übrigens nicht aus der gleichen Gegend, trotzdem herrschte große Eintracht zwischen ihnen, bis sie aus dem Leibe schieden. Abbas

Athre war besonders stark im Gehorsam und Abbas Or in der Demut. Ich verweilte einige Tage bei ihnen, um sie auszuforschen. Und ich sah ein großes Wunder, das Abbas Athre wirkte. Jemand brachte ihnen einen kleinen Fisch, und der Abbas Athre wollte ihn für den Greis zubereiten. Er hatte eben das Messer ergriffen, um den Fisch aufzuschneiden, da rief ihn der Abbas Or. Und er ließ das Messer mitten im Fisch stecken und schnitt nicht weiter. Ich bewunderte den großen Gehorsam deswegen, weil er nicht etwa sagte: Warte ein wenig, bis ich den Fisch zerteilt habe. Ich sagte zu Abbas Athre: Wo hast du solchen Gehorsam gelernt? Und er erklärte mir: »Es ist nicht der meine, sondern der des Altvaters.« Er nahm mich beiseite und sagte: »Komm, und sieh seinen Gehorsam!« Er kochte den Fisch und verdarb ihn absichtlich und setzte ihn so dem Greis vor. Der aß, ohne ein Wort zu sagen. Und Athre sagte zu ihm: »Ist er gut, Vater?« Er antwortete: »Sehr gut!« Hernach brachte er ihm ein gut gebratenes Stück und sagte: »Ich habe ihn verdorben, Vater!« Und er sagte: »Ja, du hast ihn ein bißchen verdorben!« Und Abbas Athre sagte zu mir: »Hast du den Gehorsam des Altvaters gesehen?« Und ich ging von ihnen fort, und wenn ich etwas sah, mühte ich mich nach Kräften, es zu beachten. Das erzählte der Abbas Sisoes den Brüdern. Einer von uns bat ihn: »Erzeige uns die Liebe, und sprich auch selber ein Wort«, worauf er sagte: »Wer das Unerklärliche in der Erkenntnis festhält, erfüllt die ganze Schrift.«   776

Ein Bruder besuchte einen Altvater und sprach: »Mein Vater, erweise mir die Liebe und gib mir eine gute Lehre, was ich in meiner Jugend sammeln soll, um es im Alter zu besitzen.« Der Altvater antwortete ihm: »*Entweder erstrebe Christus und denke nur an ihn, oder sammle Geld, damit du nicht zu betteln brauchst;* es ist deine Sache, ob du Gott zum Herrn wählst oder den Mammon.« (VII, 2, 3)   959

+

Ein Altvater wurde von einem Bruder um Rat gefragt, was er tun müsse, um gerettet zu werden. Da zog jener seine Kleider aus, umgürtete seine Lenden und sprach mit ausgestreckten Armen: »So muß der Mönch von allen weltlichen Dingen entblößt sein und sich kreuzigen gegen Versuchungen und Anfechtungen der Welt.« (V, 6, 16)   953

+

Einstmals erkrankte der Altvater Arsenios in der Sketis, und er benötigte in seiner Not ein Linnentuch. Da er kein Geld hatte, es sich zu kaufen, nahm er von jemand ein Almosen an und sprach: »Ich danke dir, Herr, daß du mich würdig erachtest, ein Almosen zu empfangen um deines Namens willen.« (20)   58

+

Ein Altvater sprach: Wir finden von dem armen Lazarus nicht geschrieben, daß er irgendeine besondere Tugend geübt hätte, sondern nur dies, daß er niemals über den reichen Prasser gemurrt habe, obwohl ihm dieser keine Barmherzigkeit erwies. Hingegen ertrug er die Last seiner Armut mit Dank und wurde deshalb in den Schoß Abrahams aufgenommen. (VII, 4, 1)   962

+

Ein Bruder hatte die Welt verlassen und seinen Besitz den Armen verteilt, aber einiges hatte er für sich zurückbehalten. Und so kam er zum Altvater Antonios. Als der Alte das erfahren hatte, sagte er zu ihm: »Wenn du Mönch werden willst, dann geh in das Dorf da, kaufe Fleisch, lege es um den bloßen Leib

und komm dann so hierher.« Der Bruder tat dies, und Hunde
und Vögel zerfleischten seinen Leib. Als er mit dem Alten
zusammentraf, erkundigte sich dieser, ob sein Rat ausgeführt
worden sei. Da zeigte ihm jener seinen zerfetzten Leib, und der
heilige Antonios sagte: »Die der Welt entsagt haben und doch
Güter besitzen wollen, werden von den Dämonen so im Kampfe
niedergeschlagen.« (20)   *20*

✝

Als die selige Synkletika gefragt wurde, ob die Besitzlosigkeit ein
vollkommenes Gut sei, antwortete sie: »Ganz vollkommen für
die, die sie ertragen können. Denn die sie aushalten können,
haben zwar dem Fleische nach Bedrängnis, doch in der Seele
Ruhe. Wie die groben, festen Kleider beim Waschen mit Füßen
getreten und kräftig herumgeschüttelt werden, wo wird auch die
starke Seele durch die freiwillige Armut zu noch größerer
Anstrengung fähig.« (5)   *896*

✝

Abbas Silvanos sprach: »Ich bin ein Diener, und mein Herr hat
zu mir gesagt: Tue mein Werk, und ich ernähre dich – woher,
das frage nicht – ob ich habe, ob ich stehle, ob ich entlehne – das
frage nicht. Arbeite nur, und ich ernähre dich. Wenn ich also
arbeite, dann zehre ich von meinem Lohn, wenn ich aber nicht
arbeite, dann esse ich vom Almosen.« (9)   *864*

✝

Kronios, der heilige Hierax und andere benachbarte Brüder
erzählten auch dies: Ein Altvater sprach einmal: »Wenn ein
Mönch einen Altvater kennt, bei dem er im Guten wachsen
könnte, und geht nicht zu ihm, weil er fürchtet, er müsse an
seinen leiblichen Bedürfnissen Mangel erleiden, dann hat er
keinen Glauben an Gott.« (VII,19,5)   *964*

✝

Ein gewisser Bruder suchte einen Greis auf und fragte ihn: »Willst du, daß ich mir für den Fall einer Krankheit zwei Goldmünzen zurückbehalte?« Der Greis, der seine Gedanken erkannte, daß er nämlich die Münzen behalten wolle, sagte ihm: »Behalte sie!« Als jener Bruder in sein Kellion zurückgekehrt war, sprach er im Widerstreit der Gedanken zu sich selbst: »Was meinst du? Hat dich nun der Vater gesegnet oder nicht?« Er machte sich also auf, kam wieder zu jenem Greis und fragte ihn: »Gottes wegen, sage mir die Wahrheit, denn meine Gedanken bekämpfen sich sehr wegen dieser zwei Goldmünzen.« Der Altvater antwortete ihm: »Da ich deine Gedanken durchschaute, daß du nämlich diese zwei Goldmünzen behalten willst, sagte ich dir, du solltest sie behalten. Es ist aber nicht gut, mehr zu besitzen, als für die Bedürfnisse des Leibes notwendig ist. Diese beiden Goldmünzen nun sind deine Hoffnung; wenn es sich nun trifft, daß sie verlorengehen, meinst du, Gott würde dann nicht mehr für uns sorgen? Wirf daher deine sorgenden Gedanken auf Gott, denn er selbst wird für uns sorgen!« (Ps 54, 23; 1 Petr 5, 7.) (III, 69)   *949*

+

Die Altväter erzählten von einem Gärtner. Er arbeitete fleißig und verwendete den Ertrag seiner Arbeit zu Almosen. Nur soviel behielt er, als er zu seinem Unterhalt bedurfte. Später jedoch gab ihm der Satan den Gedanken ein: Lege dir einiges Geld zurück, damit du im Alter oder in Krankheit einen Notpfennig hast. Er sparte daher ein Gefäß voll Geld zusammen. Da geschah es, daß er krank wurde, und sein Fuß ging in Fäulnis über. Alles Geld, das er gesammelt hatte, mußte er den Ärzten geben, ohne daß sie ihm helfen konnten. Schließlich kam ein sehr geschickter Arzt, der ihm sagte, sein Fuß müsse verfaulen, wenn man ihn nicht aufschnitte, und es wurde ein Tag für die Operation bestimmt. In der Nacht zuvor jedoch ging er in sich, bereute seinen Fehler, den er begangen, und sprach unter Seufzern und Tränen: »O Herr, gedenke meiner früheren Werke, die ich verrichtete, als ich noch in meinem Garten arbeitete und so die Armen unterstützte.« Nach diesen Worten erschien ihm ein Engel des Herrn und

89

fragte ihn: »Wo ist jetzt dein Geld, das du zusammengescharrt hast?« Da gingen ihm die Augen auf, und er rief: »Ich habe gesündigt, o Herr, aber verzeih mir, ich will von nun an nicht mehr so tun.« Da berührte ihn der Engel am Fuß, und dieser war auf der Stelle geheilt. Als der Arzt zur vereinbarten Stunde mit den Instrumenten kam, um ihn zu operieren, sagte man ihm: »Der Kranke ist schon frühe in den Garten zur Arbeit gegangen.« Erstaunt ging ihm der Arzt dorthin nach, wo jener arbeitete, und als er ihn die Erde umgraben sah, pries er den Herrn, der ihm seine Gesundheit wiedergegeben hatte. (V, 6, 21)

957

✝

Ein andermal brachte jemand einem Altvater Geld und sprach: »Hier hast du etwas zur Bestreitung deiner Ausgaben, denn du bist alt und krank!« Der aber entgegnete: »Jetzt, nach sechzig Jahren kommst du und willst mir meinen Nährvater nehmen? Siehe, schon so lange bin ich krank und brauchte nichts; denn Gott beschenkt und ernährt mich.« Und er nahm auch wirklich nichts an. (V, 6, 20)

956

✝

Häufig ermahnte Abbas Agathon seinen Schüler mit diesen Worten: »Erwirb dir niemals etwas, das du deinem Bruder, wenn er dich darum bäte, nicht geben würdest und wodurch du die Gebote Gottes übertreten würdest. Denn dem, der dich bittet, gib, und wer von dir etwas entleihen will, dem schlage es nicht ab« (Lk 6, 30). (VII, 2, 4)

960

✝

Man erzählte von Altvater Gelasios: In seiner Jugend führte er ein besitzloses Anachoretenleben. Es waren um jene Zeit auch sehr viele andere in dieser Gegend, die das gleiche Leben wie er begrüßten. Unter ihnen war auch ein Greis von höchster Schlichtheit und Besitzlosigkeit. Er bewohnte bis zu seinem Tode allein ein Kellion, obgleich er in seinem Alter Schüler hatte. Seine Askese gipfelte in der Sorge, ja keine zwei Röcke zu besitzen und nicht an den morgigen Tag zu denken, auch für seine Schüler nicht. Als nun der Altvater Gelasios unter Gottes Mitwirkung sein Koinobion errichtete, gab man ihm auch viel Land. Er erwarb auch Lasttiere für die Bedürfnisse des Klosters und Rinder. Und der Gottesgeist, der dem gottseligen Pachomios eingegeben hatte, als erster ein Koinobion zu gründen, half auch ihm bei der Anlage des Klosters. Wie ihn nun der vorgenannte Alte damit beschäftigt sah und die echte Liebe gegen ihn üben wolle, sprach er zu ihm: »Ich fürchte, Vater Gelasios, daß deine Gedanken von den Feldern und dem übrigen Besitz des Koinobions völlig in Beschlag genommen werden.« Gelasios antwortete ihm darauf: »Dein Denken ist mehr gefangen von dem Pfriem, mit dem du arbeitest, als der Sinn des Gelasios von seinem Besitz.« (5)   *180*

Ein Bruder fragte den Abbas Poimen: »Wie muß ich mich in meinem Kellion verhalten?« Er antwortete: »*Das Leben im Kellion*, äußerlich betrachtet, *ist Handarbeit*, einmal essen am Tag, Schweigen und Betrachten. Der geheime Fortschritt im Kellion ist: Sich die Selbstanklage abzuringen, an jedem Ort, wohin man auch geht, die Gebetszeiten einzuhalten und das Verborgene nicht zu übersehen. Wenn es sich daher trifft, daß du von Handarbeit frei wirst, dann gehe in die (gottesdienstliche) Versammlung und bete ungestört. Die Hauptsache ist: Gewinne Gemeinschaft mit Guten und halt dich von der Gesellschaft der Bösen fern.« (168)   *742*

+

Altvater Poimen sagte: »Wenn der Mensch Ordnung einhält, dann wird er nicht verwirrt.« (167)   *741*

+

Altvater Makarios der Große kam zum Altvater Antonios auf den Berg, er klopfte, und jener kam zu ihm heraus und fragte: »Wer bist du?« Der sagte: »Ich bin Makarios.« Da schloß Antonios die Türe, ging hinein und ließ ihn stehen. Als er aber seine Geduld sah, öffnete er ihm, war freundlich mit ihm und sagte: »Seit langer Zeit wollte ich dich sehen, da ich so viel von dir gehört habe.« Er bewirtete ihn und richtete ihm ein Ruhelager, denn er war sehr ermüdet. Als es spät Abend war, weichte er Palmblätter ein. Da bat ihn Altvater Makarios: »Befiehl, daß ich mir auch Palmblätter einweiche!« Er sagte: »Tue es!« Er machte sich einen großen Bund und weichte ihn ein. So saßen sie da von Abend an, sprachen über das Heil der Seelen und flochten. Und das Seil ging durch die Tür bis zur Höhle hinab. Als der selige Antonios in der Frühe hereinkam, sah er die Menge des Seiles des Altvaters Makarios und er sprach: »Viel Kraft geht von diesen Händen aus!« (4)   *457*

+

Ein Bruder fragte einmal den Abbas Pistamon: »Was soll ich tun, da ich beim Verkauf meiner Handarbeit Schwierigkeit habe?« Der Greis antwortete: »Auch der Altvater Sisoes und die übrigen verkauften ihre Handarbeit. Das ist kein Schaden. Aber wenn du verkaufst, dann nenne einmal den Preis der Ware. Im übrigen, wenn du vom Preis etwas nachlassen willst, so steht das bei dir. Auf diese Weise magst du Ruhe finden.« Wiederum fragte der Bruder: »Wenn ich meinen Bedarf von irgendeiner Seite her habe, willst du, daß ich mich (auch) dann mit Handarbeit abgebe?« Der Greis antwortete: »Wenn du auch den Bedarf von irgendwoher hast, so unterlasse die Handarbeit dennoch nicht. Tu vielmehr, soviel du kannst, doch nicht mit Hast.«   781

+

Es lebte einmal in den Kellien ein Altvater mit Namen Apollo. Wenn jemand kam und ihn zu irgendeiner Arbeit ausbat, dann kam er mit Freuden und sagte: »Mit Christus habe ich heute für meine Seele gearbeitet. Das ist der Lohn für die Seele.« (1)   149

+

Man erzählte von Altvater Johannes Kolobos, daß er einmal zu seinem älteren Bruder sagte: »Ich will ohne Sorgen sein, so wie die Engel sorglos sind und nicht arbeiten, sondern unaufhörlich Gott dienen.« Er legte sein Kleid ab und ging in die Wüste. Nachdem er eine Woche dort verbracht hatte, kehrte er zu seinem Bruder zurück. Als er an die Tür klopfte, erkannte ihn sein Bruder, bevor er öffnete, und sprach: »Wer bist du?« Er antwortete: »Ich bin Johannes, dein Bruder!« Der Bruder antwortete: »Johannes ist ein Engel geworden und gehört nicht mehr zu den Menschen.« Da flehte er ihn an und sagte: »Ich bin es doch!« Der andere aber öffnete ihm nicht, sondern ließ ihn bis zum Morgen in dieser unbequemen Lage. Erst später öffnete er und sagte: »Wenn du ein Mensch bist, dann mußt du arbeiten, damit du deine Nahrung findest.« Da bereute Johannes und sagte: »Verzeihe mir!« (2)   317

+

94

Einmal kamen einige zum Abbas Lukios in Enaton, Mönche, die man Euchiten (Beter) nannte. Der Greis fragte sie: »Worin besteht euer Handwerk? Sie antworteten: »Wir rühren mit keinem Finger an ein Handwerk, sondern wie der Apostel sagt, wir beten unaufhörlich« (1 Thess 5,17). Darauf sprach der Alte zu ihnen: »Eßt ihr nicht?« Sie antworteten: »Doch!« Er sagte zu ihnen: »Wenn ihr also eßt, wer betet inzwischen für euch?« Wiederum sprach er: »Schlaft ihr nicht?« Sie sagten: »Doch.« Und der Greis darauf: »Wenn ihr also schlaft, wer betet indessen für euch?« Darauf wußten sie keine Antwort zu geben. Er sprach zu ihnen: »Verzeiht mir, aber ihr tut nicht, was ihr sagt. Ich aber will euch zeigen, daß ich trotz Verrichtung meiner Handarbeit unablässig bete. Ich setze mich mit Gott nieder, weiche meine kleinen Palmfasern ein und flechte sie zu einem Seil. Dabei sage ich: Erbarm dich meiner, o Gott, in deinem großen Erbarmen, und nach der Menge deiner Erbarmungen wasche ab meine Ungerechtigkeiten« (Ps 50,3). Und er fragte sie: »Ist das kein Gebet?« Sie antworteten: »Doch!« Da sprach er zu ihnen: »Wenn ich den ganzen Tag mit Arbeiten und Beten verbringe, dann verdiene ich sechs Münzen, mehr oder weniger. Zwei davon gebe ich an die Tür (als Almosen), und von den übrigen bestreite ich das Essen. Und es betet für mich, der die zwei Münzen bekommen hat, während ich esse oder schlafe. Und durch die Gnade Gottes wird so von mir das unablässige Beten erfüllt« (Lk 18,1; Kol 4,2).   *446*

Ein Bruder fragte den Abbas Poimen: *»Ist es gut zu beten?«* Der Greis entgegnete: »Der Altvater Antonios sagte: Eine Stimme geht vom Angesicht des Herrn aus, die ruft: Tröstet mein Volk, sagt der Herr, tröstet mein Volk!« (Is 40,1) (87)   *661*

+

Einige fragten den Altvater Makarios: »Wie müssen wir beten?« Der Greis antwortete ihnen: »Es ist nicht notwendig, viele Worte zu machen (Mt 6,7), sondern man muß die Hände ausstrecken und sprechen: ›Herr, wie du willst und weißt, erbarme dich!‹ Wenn aber eine Anfechtung kommt, dann: ›Herr, hilf!‹ Denn er weiß, was förderlich ist, und wirkt an uns Erbarmen.« (19)   *472*

+

Abbas Evagrius sagte: Wenn in deinem Herzen ein widriger Gedanke aufkommt, dann suche nichts anderes im Gebet zu erreichen, sondern zücke dein Schwert der Tränen nur gegen den Feind, der jetzt gegen dich angeht. (V,12,5)   *1127*

+

Ein Altvater sagte: Das anhaltende Gebet verbessert in kurzem den Geist. (V,12,12)   *1128*

+

Altvater Zenon sprach: »Wer will, daß Gott schnell auf sein Gebet hört, der bete, wenn er aufsteht und die Hände zu Gott erhebt, für alle, auch für seine eigene Seele, aus ganzem Herzen auch für seine Feinde. Und wegen solch trefflicher Tat wird Gott ihn erhören, um was immer er auch bittet.« (7)   *241*

+

Einmal fragten die Brüder den Altvater Agathon und sprachen: »Welche Tugend verlangt im frommen Wandel die größere Anstrengung?« Er erwiderte ihnen: »Verzeiht mir, aber ich denke, es gibt keine größere Mühe als das Beten zu Gott. Überall, wo der Mensch beten will, wollen ihn die Heilsfeinde abhalten. Denn sie wissen, daß ihnen von keiner Seite her mehr Behinderung droht als vom Gebet zu Gott. Was immer für einen Wandel der Mensch sich wählt, wenn er dabei aushält, dann gewinnt er Ruhe. Das *Beten aber verlangt Kampf bis zum letzten Atemzug.*« (9) 91

+

Abbas Neilos sprach: »Alles, was du aus Rache gegen einen Bruder tust, der dich beleidigt hat, wird in der Stunde des Gebetes in deinem Herzen auftauchen.« (1) 546

+

Wieder ein Wort von ihm: »Das Gebet ist der Sproß der Sanftmut und der Zornlosigkeit.« (2) 547

+

Auch das sagte er: »Das Gebet ist das Schutzmittel gegen Traurigkeit und Mutlosigkeit.« (3) 548

+

Wiederum sagte er: »Wenn du weggehst, verkaufe deine Habe und gib den Armen (Mt 19,21). Nimm das Kreuz auf dich und verleugne dich selbst (Mt 16,24), damit du ohne Zerstreuung beten kannst.« (4) 549

Dem Antonios wurde in der Wüste offenbart: »In der Stadt ist einer, der dir ähnlich ist, seines Zeichens ein Arzt. Seinen Überfluß gibt er den Armen und den ganzen Tag über singt er mit den Engeln das Trishagion« (* das Dreimalheilig, Is 6. Kap.). (24)   *24*

+

Von einem Bruder, der in die Sketis gekommen war, um den Altvater Arsenios zu sehen, erzählte man, er sei in die Versammlung gegangen und habe die Kleriker um ein Zusammentreffen mit Arsenios gebeten. Sie sagten ihm: »Iß ein wenig, dann kannst du ihn sehen.« Der aber erwiderte: »Ich genieße nichts, bevor ich mit ihm zusammengekommen bin.« Sie gaben ihm nun einen Bruder mit, der ihn hinführen sollte, denn sein Kellion lag weit entfernt. Sie klopften an die Tür, traten ein, begrüßten den Greis, setzten sich nieder und verharrten in Schweigen. Da sprach jener Bruder von der Kirche: »Ich gehe fort, betet für mich!« Der fremde Bruder fand nicht den Mut, mit dem Greis zu reden, und so sagte er zu dem Bruder: »Auch ich gehe mit dir.« Beide gingen zugleich hinaus. Er bat ihn nun: »Führe mich zum Altvater Moses, dem ehemaligen Räuber.« Sie kamen zu ihm, und er nahm sie mit Freuden auf. Nachdem er ihnen alle Gastfreundschaft erwiesen hatte, entließ er sie. Der führende Bruder sagte zum Fremden: »Siehe, ich habe dich nun zu einem Fremden gebracht und zu einem Ägypter. Welcher von den beiden hat dir besser gefallen?« Der antwortete: »Bis jetzt hat mir der Ägypter besser gefallen.« Als einer der Väter das hörte, flehte er zu Gott: »Herr, deute mir diese Sache: Der eine flieht (die Menschen) um deines Namens willen, der andere umarmt (sie) wegen deines Namens.« Und sieh, es wurden ihm zwei große Schiffe auf dem Strom gezeigt. Er erblickte den Altvater Arsenios, der mit dem Geiste Gottes in einhelliger Ruhe fuhr. Im anderen Schiff aber fuhren Moses und die Engel des Herrn, und sie labten ihn mit Honig aus der Wabe. (38)   *76*

+

Einmal fragte ein Bruder den Altvater Poimen: »Was ist besser: zurückgezogen oder mit anderen zusammen zu leben?« Der Greis antwortete: »Wenn ein Mensch sich selbst tadelt, dann kann er überall bestehen. Wenn einer aber sich selber erhebt, dann besteht er nirgends. Ein Mensch mag noch so viel Gutes getan haben, wenn er sich deswegen überhebt, wird er es bald verlieren.« (III, 110)   *1051*

+

Ein Bruder fragte den Greis: »Welch gute Tat gibt es, die ich tun soll, damit ich lebe?« Der Greis antwortete: »Gott kennt das Gute. Aber ich hörte, daß einer von den Vätern den Altvater Nisteroos, den Großen, fragte, den Freund des Altvaters Antonios, und er sagte: ›Welches gute Werk soll ich tun?‹ Und er antwortete: ›Sind nicht alle Tätigkeiten gleich? Abraham war gastfreundlich – und Gott war mit ihm! (Gen 18,1–9) Elias liebte die Herzensruhe – und Gott war mit ihm! (1 Kg 17,5; 19,4). David war demütig – und Gott war mit ihm! (1 Sm 18,23 u.a.) Wovon du siehst, daß es deine Seele im Einklang mit Gott will, das tue, und du wirst dein Herz bewahren!« (2)   *557*

+

Ein in seinem ganzen Leben sehr frommer Weltmann kam einmal zum Altvater Poimen. Zufällig waren beim Altvater auch noch andere Brüder, die von ihm ein Wort hören wollten. Der Greis sprach zu dem gläubigen Weltmann: »Sprich zu den Brüdern ein Wort!« Dieser aber verwahrte sich dagegen mit den Worten: »Verzeih mir, Vater, ich bin zum Lernen gekommen.« Aber vom Greis gezwungen, sagte er: »Ich bin ein Weltmann, verkaufe Gemüse und mache Geschäfte damit. Aus großen Bündeln mache ich kleine, kaufe billig ein und verkaufe teuer. Nur von der Schrift weiß ich nicht zu reden. Aber ein Gleichnis will ich erzählen. Ein Mann sagte zu seinem Freunde: Da ich den Wunsch habe, den König zu sehen, komme mit mir! Der Freund sprach: Ich gehe mit dir den halben Weg! Und er sagte zu einem zweiten Freund: Bringe mich zum König! Der antwortete ihm: Ich bringe dich bis zum Palast des Königs! Nun sprach er zu einem Dritten: Geh mit mir zum König. Dieser antwortete: Ich gehe und führe dich zum Palast. Dort stelle ich mich auf, rede und führe dich dann zum König. Als sie ihn nach der Deutung des Gleichnisses fragten, gab er ihnen folgende Erklärung: Der erste Freund ist die Askese: sie führt bis an den Weg. Der zweite ist die Herzensreinheit, sie führt bis zum Himmel, der dritte ist das Erbarmen: es führt zum König, Gott, mit großer Sicherheit.« Erbaut gingen die Brüder von dannen. (109)   683

Keiner kann
unversucht ins
Himmelreich eingehen

Abbas Antonius

Zwischen Engeln und Dämonen

Der Altvater Moses wurde einmal heftig zur Unkeuschheit versucht, und da er es im Kellion nicht mehr aushielt, ging er fort und meldete es dem Altvater Isidor. Der Alte forderte ihn zur Rückkehr in sein Kellion auf, was er aber mit der Begründung ablehnte: »Ich kann es nicht, Vater!« *Abbas Isidor nahm ihn mit sich, führte ihn auf das Hausdach hinauf und sagte zu ihm: »Schau nach Westen!« Er blickte hin und sah eine Menge von Dämonen – unzählbar –, die aufgeregt waren und Kriegslärm machten. Und wiederum sagte der Altvater Isidor: »Schau nach Osten!« Er blickte hin und sah unzählbare Scharen heiliger Engel in Herrlichkeit. Und Abbas Isidor sprach: »Siehe, diese sind den Heiligen vom Herrn zur Hilfe gesandt.* Die im Westen, das sind die, die gegen sie Krieg führen. Mehr aber sind die auf unserer Seite.« Und so sagte der Altvater Moses Gott Dank, faßte Mut und kehrte in sein Kellion zurück (vgl. 2 Kg 6,15–17). (1)   *495*

+

Der Altvater Bitimios erzählte, daß der Altvater Makarios gesagt habe: Als ich in der Sketis lebte, kamen einmal zwei jüngere Fremdlinge heraus, von denen der eine einen Bart hatte, der andere erst einen Anflug davon. Sie kamen zu mir und fragten: »Wo ist das Kellion des Altvaters Makarios?« Ich fragte sie: »Was wollt ihr von ihm?« Sie antworteten: »Wir hörten seine Geschichte und die der Sketis und sind nun gekommen, ihn zu sehen.« Ich sagte ihnen: »Ich bin es.« Da warfen sie sich mir zu Füßen und sagten: »Wir wollen hier bleiben!« Ich sah sie an: sie waren üppig gekleidet und kamen aus dem Reichtum. So sagte ich zu ihnen: »Ihr könnt euch hier nicht niederlassen!« Der Ältere sagte: »Wenn wir hier nicht bleiben können, dann gehen wir woanders hin.« Da sagte ich zu mir selber: »Was schickst du sie fort? Daß sie dann Ärgernis nehmen? Die Anstrengung wird sie dahin bringen, daß sie von selber gehen.« So sagte ich zu ihnen: »Kommt, errichtet euch ein Kellion, wenn ihr es fertigbringt.« Sie versicherten: »Zeige uns den Platz, und wir werden es machen.« Der Altvater gab ihnen eine Axt und einen Sack mit Broten und Salz. Dann zeigte ihnen der Alte auch einen rauhen Felsen und sagte: »Brechet hier Steine und holt Treibholz aus dem See, macht ein Dach und nehmet Wohnung.« Ich glaubte aber, so sagte er, sie würden wegen der Anstrengung fortgehen. Sie fragten mich aber, was sie hier arbeiten sollten, und ich antwortete: »Ein Seil flechten!« Und ich nahm Palmzweige aus dem See und zeigte ihnen, wie man mit dem Seil beginnt und wie man flechten muß, und sagte: »Macht Körbe und bringt sie den Aufsehern, und sie werden euch Nahrung verabreichen.« Ich hatte nichts weiter zu tun und ging weg. Sie aber führten in Geduld alles aus, was ich ihnen gesagt hatte und kamen drei Jahre nicht zu mir. Ich blieb in Widerstreit mit meinen Gedanken und sagte: »Was also ist ihre Tätigkeit (= asketische Methode), da sie nicht mehr um Anweisung gekommen sind? Man kommt aus der Ferne zu mir, und sie als Nahe kamen nicht, und auch nicht zu anderen sind sie gegangen, außer schweigend in die Kirche zum Opfermahl.« Und ich betete zu Gott und fastete die Woche, damit er mir ihr Werk zeige. Nach einer Woche erhob ich mich und kam zu ihnen, um zu sehen, wie sie es treiben. Als ich klopfte, öffneten sie und grüßten mich schweigend. Ich verrichtete das Gebet und setzte mich nieder. Der Ältere gab dem Jüngeren einen Wink hinauszugehen, und er setzte sich hin und flocht an einem Seil, ohne etwas zu sagen. Um die Stunde der Non klopfte er, und der Jüngere kam und bereitete ein wenig Brei, stellte den Tisch auf, auf einen Wink des Älteren. Er legte drei Kuchen auf und stand schweigend da. Ich aber sagte: »Kommt, laßt uns essen!« Wir erhoben uns und aßen. Und er brachte den Becher, und wir tranken. Als es Abend wurde, fragten sie: »Gehst du?« Ich antwortete: »Nein, ich will hier übernachten.« Da richteten sie mir an einem Platz eine Matte her und für sich selbst an einem anderen Ort, in einer anderen Ecke. Sie legten ihre Gürtel und

Unterkleider ab und legten sich auf die Matte vor mir. Als sie sich zur Ruhe begeben hatten, betete ich zu Gott, daß er mir ihre Tätigkeit offenbare. Und da öffnete sich das Dach, und es ward licht wie am Tag. Sie aber sahen das Licht nicht. Als sie annahmen, daß ich schlief, stieß der Ältere den Jüngeren in die Seite, sie erhoben sich, gürteten sich und erhoben die Hände zum Himmel. Ich beobachtete sie, aber sie mich nicht. Und ich sah, wie die Dämonen wie Fliegen zu dem Jüngeren kamen, die einen setzten sich auf seinen Mund, die anderen auf die Augen. Und ich sah einen Engel des Herrn, der ein Feuerschwert hatte, um ihn einen Wall bildete und die Dämonen von ihm vertrieb. Dem Älteren vermochten sie nicht nahe zu kommen. Gegen Morgen zu legten sie sich nieder, und ich stellte mich, als wäre ich eben aufgewacht, und sie auch. Der Ältere sprach mich so an: »Willst du, daß wir die zwölf Psalmen beten?« Ich sagte: »Ja«. Worauf der Jüngere fünf Psalmen mit je sechs Versen sang, dazu ein Alleluja. Nach jedem Vers kam eine Feuerfackel aus seinem Munde und stieg zum Himmel auf. So war es auch bei dem Älteren, wenn er seinen Mund zum Psalmensingen öffnete. Wie ein feuriges Band kam es aus seinem Munde, und es reichte bis zum Himmel. Auch ich betete kurz und auswendig, und als ich dann fortging, sagte ich zu ihnen: »Betet für mich!« Sie aber verneigten sich schweigend. Ich erkannte, daß der Ältere vollkommen war, der Jüngere aber noch stark gegen den bösen Feind zu kämpfen hatte. Nach wenigen Tagen entschlief der ältere Bruder, drei Tage drauf der jüngere. Und wenn einige von den Vätern zum Altvater Makarios kamen, nahm er sie mit zu ihrem Kellion und sagte: »Kommt und seht das Martyrium (Zeugnis) der kleinen Fremdlinge.« (33)   *486*

+

Ausspruch des Altvaters Antonios: »Ich sah alle Schlingen des Feindes über die Erde ausgebreitet. Da seufzte ich und sprach: Wer kann ihnen denn entgehen? und ich hörte, wie eine Stimme zu mir sagte: Die Demut!« (7)   7

+

Einmal kam ein Greis in das Kellion des Altvaters Johannes Kolobos und fand ihn schlafend. Neben ihm stand ein Engel und fächelte ihm Kühlung zu. Als der Besucher das sah, ging er weg. Wie er dann aufstand, sagte er zu seinem Schüler: »Ist jemand gekommen, während ich schlief?« Der sagte: »Ja, der Greis N.N.« Da erkannte der Altvater Johannes, daß der Greis von seinem Maße war und den Engel gesehen hatte. (33)   *348*

+

Einmal begab sich der Altvater Makarios vom See in sein Kellion und trug eine Last Palmzweige. Da begegnete ihm der Teufel mit einer Sichel. Wie er ihn schlagen wollte, vermochte er es nicht, und er sprach zu ihm: »Eine große Kraft geht von dir aus, Makarios, so daß ich gegen dich nichts vermag! Siehe, wenn du etwas tust, tue ich es auch: Du fastest, ich auch – du hältst Nachtwache, ich schlafe überhaupt nicht. In einem jedoch besiegst du mich.« Da sagte der Altvater Makarios zu ihm: »Was ist das?« Der aber antwortete: »Deine Demut. Und deswegen vermag ich nichts gegen dich!« (11)   *464*

+

Abbas Daniel erzählte: In Babylon war die Tochter eines hohen Beamten von einem Dämon besessen. Ihr Vater war sehr befreundet mit einem Mönch, und der sagte zu ihm: »Niemand kann deine Tochter heilen, außer einigen Anachoreten, die ich kenne. Jedoch, wenn du sie rufst, werden sie aus Demut sich nicht dazu verstehen, es zu tun. Aber laß es uns so machen: Wenn sie auf den Markt kommen, dann tut, als wolltet ihr Geräte kaufen, und wenn sie dann kommen, die Bezahlung entgegenzunehmen, dann sagen wir zu ihnen: sie sollten beten, und ich bin überzeugt, daß sie geheilt wird.« So gingen sie auf den Markt und trafen einen Schüler der Alten, der dasaß, um ihre Körbe zu verkaufen. Sie nahmen ihn mitsamt den Körben mit, um ihm den Preis auszuhändigen. Als der Mönch ins Haus trat, kam die Besessene dazu und gab ihm eine Ohrfeige. Er aber hielt die andere Wange hin, gemäß dem Gebot des Herrn (Mt 5,39). Davon wurde der Teufel so gequält, daß er schrie: »O

Gewalt! Das Gebot des Herrn treibt mich aus!« Auf der Stelle wurde das Weib (vom Dämon) gereinigt. Als die Alten kamen, meldeten sie ihnen den Vorfall. Da priesen sie Gott und sprachen: »Es ist eine alte Gewohnheit für den Stolz des Teufels, daß er zu Fall kommt durch die Demut des Gebotes Christi.« (3)

185

+

Ein Altvater sagte: »Wenn einer sagt: Verzeihe mir! und sich demütigt, dann verbrennt er gleich die Dämonen, die ihn versuchen.« (V,15,78)

1080

+

Ein Bruder fragte einen von den Vätern: »Wie führt der Teufel die Anfechtung wider die Heiligen durch?« Der Greis sprach zu ihm: »Es war unter den Vätern einer, namens Nikon, der auf dem Berg Sina wohnte. Und als einmal jemand in das Zelt eines Pharaniten ging, fand er dessen Tochter allein und kam mit ihr zu Fall. Und er sagte zu ihr: Sage, daß der Anachoret Nikon es getan hat. Als der Vater davon erfuhr, nahm er sein Schwert und ging zu dem Alten. Er klopfte, und der Greis kam heraus. Er erhob das Schwert, um ihn zu töten, aber da wurde ihm der Arm gelähmt. Der Pharanit entfernte sich und meldete es den Vätern. Sie ließen den Greis holen, und er kam. Sie gaben ihm viele Schläge und wollten ihn austreiben. Da sprach er zu ihnen: Laßt mich hier, um Gottes willen, und Buße tun. Sie bannten ihn auf drei Jahre und ordneten an, daß niemand ihn besuchen dürfe. Er hielt die drei Jahre durch, kam nur sonntags (zur Kirche) und tat Buße. Er bat alle: Betet für mich. Später wurde der, der die Sünde getan hatte, besessen, er, der die Heimsuchung über den Einsiedler gebracht hatte. In der Kirche bekannte er: Ich habe die Sünde begangen, und ich verleumdete den Diener Gottes. Da kam das ganze Volk, warf sich vor dem Greis nieder und sagte: ›Verzeih uns, Vater!‹ Er antwortete ihnen: ›Was das Verzeihen betrifft, so ist euch verziehen. Was aber das Bleiben betrifft: Ich bleibe nicht mehr bei euch, weil sich nicht einer fand, der die Unterscheidungsgabe hatte und mit mir Mitleid gezeigt hätte.‹ Und so ging er von dort fort.« Und der Greis sprach zum

Bruder: »Da siehst du, wie der Teufel die Versuchungen über die Heiligen bringt.« *563*

+

Abraham, der Schüler des Altvaters Agathon, fragte den Altvater Poimen: »Wie können mich die Dämonen anfechten?« Abbas Poimen sprach: »Dich bekriegen die Dämonen? Sie kämpfen nicht mit uns, solange wir unseren Willen tun. Denn unsere Willensneigungen sind die Dämonen, und sie sind es, die uns bedrängen, unseren Willen zu tun. Wenn du aber sehen willst, mit wem die Dämonen kämpfen: mit Moses und seinesgleichen!« (67) *641*

+

Abbas Pityrion, der Schüler des Abbas Antonios, sprach: »Wer die Dämonen austreiben will, muß zuerst die Leidenschaften unterwerfen. Welche Leidenschaft einer auch überwindet, deren Dämon treibt er damit aus. Ein Dämon begleitet den Zorn. Wenn du nun über den Zorn Herr wirst, dann ist damit auch sein Dämon vertrieben. Und ähnlich steht es mit jeder Leidenschaft.« *780*

+

Abbas Makarios sprach: »Wenn wir an die Übel denken, die uns von den Menschen zugefügt werden, dann zerstören wir die Kraft des Denkens an Gott. Wenn wir an die Übel von den Dämonen denken, dann werden wir unverwundet bleiben.« (36) *489*

+

Amma Synkletika sagte: »Es steht geschrieben: Seid klug wie die Schlangen und einfältig wie die Tauben. Unter dem Werden wie die Schlangen ist gemeint, daß uns die Angriffe und Methoden des Teufels nicht fremd sein sollen. Denn ähnliches wird am leichtesten durch ähnliches erkannt. Die Einfalt der Tauben dagegen bedeutet die Reinheit des Handelns.« (18) *909*

+

Wiederum sagte sie: »Je mehr Fortschritte die Wettkämpfer machen, desto stärker müssen die Gegenspieler sein, mit denen sie kämpfen.« (14)   905

+

Jemand sagte zum Altvater Arsenios: »Meine Gedanken quälen mich, indem sie mir sagen: Du kannst nicht fasten und auch nicht arbeiten, so besuche wenigstens die Kranken; denn auch das ist Liebe.« Der Greis aber, der den Samen der Dämonen kannte, sagte zu ihm: »Geh und iß, trinke, schlafe und arbeite nicht, nur verlaß dein Kellion nicht!« Er wußte nämlich, daß das Ausharren im Kellion den Mönch in seine rechte Ordnung bringt. (11)   49

+

Ein Bruder sprach zum Altvater Poimen: »Wenn ich meinem Bruder ein wenig Brot oder etwas anderes gebe, dann entwerten es die Dämonen: es sei gegeben, um den Menschen zu gefallen.« Der Greis sagte: »Auch wenn es aus Gefallsucht geschieht, so wollen wir doch dem Bruder das Nötige geben.« Er legte ihm folgendes Gleichnis vor: »Zwei Männer, die Bauern waren, wohnten in der gleichen Stadt. Der eine davon säte nur wenig Saatgut, und zwar ungereinigtes, der andere sparte sich das Säen und erntete überhaupt nichts. Wenn nun eine Hungersnot auftritt, wer von den beiden wird zu leben haben?« Der Bruder antwortete: »Der, der wenig und Ungereinigtes gesät hat.« Da sagte der Greis zu ihm: »Laß uns wenigstens ein wenig und wenn auch Ungereinigtes säen, damit wir nicht Hungers sterben.« (51)   625

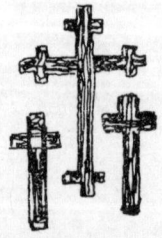

Der Altvater Antonios sprach zum Altvater Poimen: »Das ist das große Werk des Menschen, daß er seine Sünde vor das Angesicht Gottes emporhalte *und daß er mit Versuchung rechne bis zum letzten Atemzug*.« (4)   4

+

Derselbe sagte: »Keiner kann unversucht ins Himmelreich eingehen. Nimm die Versuchungen weg, und es ist keiner, der Rettung findet.« (5)   5

+

Amma Theodora sprach: »Kämpfet, um durch die enge Pforte einzugehen! (Mt 7,13). Es ist ähnlich wie bei den Bäumen: Wenn sie nicht Unwetter und Regengüsse erhalten, tragen sie keine Frucht. So ist auch für uns dieser Aion (= Weltzeit) ein Unwetter. Nur durch viele Bedrängnisse und Anfechtungen werden wir Erben des Reiches der Himmel.« (2)   310

+

Abbas Poimen erzählte über den Altvater Johannes Kolobos: Er rief Gott an, und die Leidenschaften wurden von ihm genommen, und er war ohne Sorgen. Er ging fort und sagte zu einem Greis: »Ich stelle fest, daß ich in Ruhe bin und keine Anfechtung mehr habe.« Der Greis sprach zu ihm: »Geh und rufe Gott an, daß ein Feind gegen dich aufsteht und so auch die alte Zerknirschung und Demut, die du früher hattest (wieder zurückkehrt!). Denn gerade durch die Anfechtung macht die Seele Fortschritte.« Er bat also, und als der Feind kam, betete er nicht mehr, daß er von ihm befreit werde, sondern sagte: »Gib mir Geduld, Herr, in den Kämpfen!« (13)   328

+

Ein Bruder fragte den Altvater Poimen: »Ich beobachte an mir: wohin ich auch gehen mag, überall finde ich eine Gelegenheit (* zur Sünde).« Der Greis sagte zu ihm: »Die das Schwert in Händen haben, haben an Gott ihren Erbarmer in der augenblicklichen Lage. Wenn wir also tapfer sind, wirkt er an uns sein Erbarmen.« (94)   668

Wiederum sprach er: »Zuerst: Fliehe einmal! Das zweite: Fliehe! Und das dritte: Werde ein Schwert!« (140) *714*

+

Ein Altvater sprach: »Wenn den Menschen die Versuchung überfällt, dann häufen sich seine Bedrängnisse von allen Seiten, so daß er ganz verzagt wird und murrt. Er erzählte dazu folgendes: Ein Bruder befand sich einmal in seinem Kellion, als eine Versuchung über ihn kam. Wenn nun jemand ihn besuchte, dann begrüßte er ihn nicht noch wollte er ihn in sein Kellion einlassen, und wenn er Brot nötig hatte, lieh ihm niemand etwas, und wenn er von der Ernte kam, lud ihn niemand, wie es üblich war, zu sich, daß er sich erquicke. So kam er auch einmal bei größter Hitze nach Hause und hatte kein Brot in seinem Kellion, trotzdem dankte er Gott. Der Herr sah seine Geduld und nahm die heftigen Anfechtungen von ihm weg, und siehe da, plötzlich klopft an seine Tür ein Mann, der ein mit Brot beladenes Kamel aus Ägypten mit sich führt. Als der Bruder das bemerkte, begann er zu weinen und sagte: Herr, ich bin nicht würdig, auch nur mäßige Drangsal zu leiden! Nachdem die Bedrängnis vorüber war, nahmen ihn die Brüder in ihre Kellien und in die Kirche wieder auf und erquickten ihn.« (V, 7, 22)

+

Der Altvater Hyperichius sprach: »Wir müssen uns gegen die Versuchungen wappnen, da sie uns auf jede Weise anfallen. Nur so werden wir uns gegen ihre Angriffe bewährt erweisen.« (V, 7, 21) *1003*

+

Abbas Poimen wurde gefragt, auf wen das Wort der Schrift gehe: Sorget nicht für morgen! (Mt 6, 34). Der Greis lehrte: »Das ist zu einem Menschen gesagt, der in Versuchung ist und voller Sorge verzagt, indem er sagt: Wie lange werde ich in dieser Versuchung sein müssen? Doch sollte er lieber nachdenken und täglich sagen: Heute!« (126) *700*

+

Man erzählte von der Amma Sarrha: Dreizehn Jahre hielt sie aus, gewaltig angefochten vom Dämon der Unreinheit. Niemals betete sie, daß der Kampf aufhöre, vielmehr betete sie: »O Gott, gib mir Kraft!« (1)   *884*

+

Einmal griff sie dieser Geist der Unreinheit besonders heftig an, indem er ihr die Eitelkeiten der Welt vorgaukelte. In der Furcht Gottes und aus Askese gab sie nicht nach, sondern bestieg das Dach des Kellions, um zu beten. Da zeigte sich der unreine Geist leibhaftig und sprach: »Du hast mich besiegt, Sarrha.« Aber sie antwortete: »Nicht ich habe dich besiegt, sondern mein Herr Christus.« (2)   *885*

+

Ein heiliger Mann sagte einmal: »Wenn wir zum Herrn beten: Führe uns nicht in Versuchung! (Mt 6,13), dann bitten wir nicht darum, nicht versucht zu werden, denn das wäre unmöglich, sondern nur darum, daß wir in der Versuchung nicht verschlungen werden und etwas tun, das Gott mißfällt. Denn das heißt: nicht in Versuchung fallen. Auch die heiligen Martyrer wurden durch ihre Qualen versucht, aber nicht überwunden. Daher fielen sie nicht in der Versuchung, wie auch jene nicht besiegt sind, die mit einem wilden Tier kämpfen, bis sie von ihm verschlungen sind. Erst dann wären sie gefallen. So ist es bei jeder Leidenschaft. Erst wenn uns die Leidenschaft überwunden hat, fallen wir in der Versuchung.« (X,209)   *1159*

+

Amma Theodora sagte: »Es ist gut, die Herzensruhe zu pflegen. Ein besonnener Mann nämlich übt die Herzensruhe. Groß fürwahr ist die Pflege der Herzensruhe für die Jungfrau und den Mönch. Ganz besonders für die Jüngeren.

Aber wisse: wenn der Vorsatz auf die Herzensruhe gerichtet ist, dann kommt sofort der Böse und beschwert die Seele, in Unmut, in Kleinmut und Gedanken. Er beschwert auch den Leib mit Schwächlichkeit, Nachlassen der Spannkraft, Schlaffheit der Knie und aller Glieder, und er bricht die Kraft der Seele und des

Leibes; und: ›Weil ich krank bin, kann ich den Gottesdienst nicht besuchen.‹ Aber wenn wir wachsam sind, dann löst sich das alles auf. Da war ein Mönch, den erfaßten, als er in den Gottesdienst gehen wollte, Frösteln und Fieberschauer, und im Kopf spürte er eine Spannung. Da sprach er zu sich: ›Siehe, ich bin krank, und es kann sein, daß ich sterbe. Ich will mich aufraffen, ehe ich sterbe, und in die Versammlung gehen.‹ Mit diesem Gedanken bezwang er sich selbst und besuchte den Gottesdienst. Als dieser zu Ende war, hörte auch das Fieber auf. Wieder einmal hielt er diesem Gedanken stand und kam in die Versammlung und überwand den Gedanken.« (3)   *311*

+

Man erzählte von einem Bruder, er sei zur Gotteslästerung versucht worden, aber er schämte sich, es zu bekennen. Und wo er von großen Altvätern hörte, da suchte er sie auf und wollte es ihnen offenbaren, aber kaum war er dann fort, schämte er sich zu gestehen. So kam er auch öfter zum Altvater Poimen. Der Greis merkte, daß er mit Gedanken zu schaffen habe, und er empfand Mitleid, weil der Bruder es nicht offenbarte. Eines Tages jedoch ließ er ihn kommen und sagte zu ihm: »Siehe, nun kommst du schon so lange mit deinen Gedanken her, um sie mir mitzuteilen, und wenn du da bist, dann willst du nicht von ihnen sprechen, sondern jedes Mal gehst du betrübt weg, weil du sie hast. Sage mir nun, mein Kind, was hast du?« Da sagte er: »Der Dämon ficht mich mit gotteslästerlichen Gedanken an, und ich schämte mich, es zu sagen.« Und er erzählte ihm die Sache und fühlte sich sofort erleichtert. Der Greis sprach zu ihm: »Mache dir keine Sorge, Kind! Sondern wenn der Gedanke kommt, dann denke: Ich habe nichts damit zu schaffen, deine Lästerung komme über dich, Satan! Denn diese Sache will meine Seele nicht. Und jede Sache, die die Seele nicht will, ist nur von kurzer Dauer.« Da ging der Bruder geheilt von dannen. (93)   *667*

+

Ein Greis wurde zehn Jahre lang auf's heftigste von seinen Gedanken versucht, so daß er nahe am Verzweifeln war und zu sich sprach: Ich habe meine Seele schon verloren, und da ich nun einmal verloren bin, will ich in die Welt zurückkehren. Und als er nun wirklich sich aufmachte, begegnete ihm eine Stimme, die zu ihm sprach: Die zehn Jahre, in denen du gekämpft hast, werden einst dein Ruhm sein. Kehre also an deinen Ort zurück, und ich werde dich von allen schlechten Gedanken befreien. Und sogleich kehrte er um und harrte in dem begonnenen Werk aus. Es ist also nicht gut, wenn man böser Gedanken wegen verzweifelt. Denn sie bereiten uns sicherer die Krone, wenn wir, sie uns zu Nutzen machend, an ihnen vorübergehen. (III, 104)

1137

Ein Bruder kam zum Altvater Poimen und sagte: »*Vater, ich habe vielerlei Gedanken und komme durch sie in Gefahr.*« Der Altvater führte ihn ins Freie und sagte zu ihm: »Breite dein Obergewand aus und halte die Winde auf!« Er antwortete: »Das kann ich nicht!« Da sagte der Greis zu ihm: »Wenn du das nicht kannst, dann kannst du auch deine Gedanken nicht hindern, zu dir zu kommen. Aber es ist deine Aufgabe, ihnen zu widerstehen!« (28)   *602*

+

Ein Altvater sprach: »Nicht weil uns schlechte Gedanken einfallen, werden wir ihretwegen verdammt, sondern wenn wir sie schlecht gebrauchen. Denn es ist so, daß wir durch Gedanken sowohl Schiffbruch leiden können, wie auch, daß wir durch Gedanken gekrönt werden können.« (V, 10, 86)   *1103*

+

Ein Bruder fragte einen Greis: »Was soll ich tun, weil mich viele Gedanken beunruhigen, denen ich nicht Widerstand zu leisten vermag.« Der Greis antwortete: »Bekämpfe nicht alle zugleich, sondern zunächst einen. Alle Gedanken der Mönche nämlich haben einen Kopf, es geht also darum, herauszufinden, worin er besteht und welcher Art er ist, und dann diesem zu widerstehen. Auf diese Weise werden nämlich auch die übrigen Gedanken gedemütigt.« (V, 10, 88).   *1105*

+

Einmal fragte der Altvater Arsenios einen ägyptischen Alten über seine eigenen Gedanken. Ein anderer, der das sah, sagte zu ihm: »Altvater Arsenios, nachdem du so große griechische und römische Bildung besitzest, wie kannst du da diesen Bauern über deine Gedanken befragen?« Er aber entwortete ihm: »Die römische und griechische Bildung habe ich in mir, aber das Alphabet dieses Bauern habe ich noch nicht gelernt.« (6)   *44*

+

Man fragte den Altvater Ammonas: »Welches ist der enge und beschwerliche Weg?« (Mt 7,14). Er antwortete: »Der enge und beschwerliche Weg ist dieser: Seinen Gedanken Gewalt antun und Gottes wegen den eigenen Willen abschneiden. Das ist auch der Sinn des Wortes: Wir haben alles verlassen und sind dir nachgefolgt« (Mt 19,27). (11)   123

+

Der Altvater Olympios sprach: Einmal kam ein Heidenpriester nach der Sketis und übernachtete in meinem Kellion. Als er das Leben der Mönche sah, sprach er zu mir: »Seht ihr bei solchem Verhalten nichts von eurem Gott?« Ich antwortete: »Nein.« Da sprach der Priester zu mir: »Wirklich, wenn wir unserem Gott den heiligen Dienst darbringen, dann verbirgt er nichts vor uns, sondern offenbart uns seine Geheimnisse. Und ihr nehmt soviel Mühe auf euch: Nachtwachen, Herzensruhe, Askese, und da sagst du: Wir sehen nichts! Sicher habt ihr, wenn ihr nichts schaut, schlechte Gedanken in eurem Herzen, die euch von Gott trennen, und deswegen werden euch seine Geheimnisse nicht geoffenbart.« Ich ging weg und meldete den Alten die Worte des Priesters. Sie wunderten sich und sagten: »So ist es: die unreinen Gedanken trennen Gott vom Menschen.« (1)   571

+

Abbas Poimen erzählte über den Altvater Isidor: Seine Gedanken sagten zu ihm: »Du bist ein großer Mensch!« Und er sprach zu sich: »Bin ich etwa von der Art des Antonios? Oder bin ich vollkommen geworden wie Abbas Pambo? Oder wie die übrigen Väter, die das Wohlgefallen Gottes hatten?« Sooft er sich das vorführte, hatte er Ruhe. Wenn aber die Feindschaft (der Dämonen) ihn mit Kleinmut erfüllen wollte, daß er nach all dem doch in die Strafe eingehen werde, sagte er zu ihnen: »Auch wenn ich in die Strafe geworfen werde, werde ich euch doch noch unter mir finden.« (6)   362

+

Einmal durchwanderte der Altvater Zenon Palästina. Als er müde war, setzte er sich nahe bei einem Gurkenfelde nieder, um zu essen, und es kam ihm der Gedanke: »Nimm eine Gurke und iß! Was ist das schon auch!« Aber er antwortete seinen Gedanken: »Die Diebe gehen der Strafe entgegen. Prüfe dich nun hier, ob du die Strafe ertragen kannst.« Er erhob sich, und stellte sich fünf Tage lang in die Hitze. Ganz ausgetrocknet sagte er zu sich: »Du vermagst die Strafe nicht auszuhalten!« Dann sprach er zu seinen Gedanken: »Wenn du es nicht kannst, dann stiehl und knabbere nicht!« (6)   240

+

Man berichtete vom Altvater Gelasios, daß er oft von dem Gedanken angefochten wurde, sich in die Wüste zurückzuziehen. Eines Tages sagte er zu seinem Schüler: »Tu mir den Gefallen, Bruder, und ertrage, was immer ich auch tue, und sprich die ganze Woche nicht mit mir!« Er nahm einen Palmstab in die Hand und begann in seinem Hof herumzugehen. Wenn er müde wurde, setzte er sich ein wenig, und dann erhob er sich wieder und ging umher. Als es Abend wurde, sagte er zu sich selbst: »Wer in der Wüste herumgeht, hat kein Brot zum Essen, sondern nur Gras. Du aber, in deiner Schwäche, iß ein wenig Kleingemüse.« Er machte es so, und dann sagte er zu sich: »Der in der Wüste schläft nicht unter einem Dache, sondern unter freiem Himmel, mach es also auch!« Er legte sich nieder und schlief im Hof. Das machte er drei Tage: Er ging im Klosterbezirk herum, am Abend aß er ein paar Salatblätter, die Nächte verbrachte er im Freien schlafend, und dann war er erschöpft. Da schalt er den Gedanken, der ihn belästigte und tadelte sich mit den Worten: »Wenn du die Werke der Wüste nicht erfüllen kannst, dann bleibe in Geduld in deinem Kellion sitzen und beweine deine Sünden und treib dich nicht herum. Denn überall sieht das Auge Gottes die Werke der Menschen, und nichts ist ihm verborgen, und er erkennt diejenigen, die das Gute tun.« (6)   181

+

Abbas Or sprach: »Wenn du siehst, daß ich einen Gedanken gegen jemand habe, dann wisse, daß jener den gleichen gegen mich hat.« (5)   938

+

Man erzählte sich von Abbas Poimen: Wenn er in die (gottes-dienstliche) Versammlung gehen wollte, dann setzte er sich zuerst für sich allein und untersuchte seine Gedanken, etwa eine Stunde. Und so ging er dann weg. (32)   606

+

Abbas Poimen erzählte: Der Abbas Paphnutios pflegte zu sagen: In alten Zeiten, als die Altväter noch lebten, ging ich zweimal im Monat zu ihnen – die Entfernung betrug zwölf Meilen – und legte ihnen mein ganzes Denken dar, und sie sagten nichts anderes als dies: »An welchen Ort du auch hinkommst, vergleiche dich nicht mit anderen, und du wirst Ruhe finden.« (3)   788

+

Ein Bruder fragte den Altvater Poimen: »Warum kann ich nicht offen mit den Altvätern über meine Gedanken reden?« Der Alte antwortete: »Johannes Kolobos hat den Ausspruch getan: Über keinen freut sich der Teufel so sehr wie über jene, die ihre Gedanken nicht offenbaren.« (101)   675

+

Ein Bruder fragte den Altvater Poimen über die Belästigung durch Gedanken. Der Greis sagte ihm: »Diese Sache gleicht einem Manne, der in der Linken einen Feuerbrand trägt und in der Rechten einen Wasserkrug. Wenn nun das Feuer aufflammt, dann nimmt er aus dem Kruge Wasser und löscht das Feuer aus. Das Feuer ist der Same des Feindes, das Wasser bedeutet das sich Niederwerfen vor Gott.« (146)   720

+

Abbas Johannes sprach: »Ich gleiche einem Menschen, der unter einem großen Baum sitzt und sieht, wie viele wilde Tiere und Schlangen gegen ihn herankommen. Kann er gegen sie nicht mehr bestehen, dann klettert eilig auf den Baum und rettet sich. So auch ich: Ich sitze in meinem Kellion und sehe, wie schlechte Gedanken auf mich zukommen, und wenn ich gegen sie nichts mehr vermag, dann fliehe ich zu Gott im Gebete und werde so vor dem bösen Feind gerettet.« (12)   *327*

+

Amma Synkletika sagte: »Wie die giftspritzenden Tiere von noch schärferen Kräutern vertrieben werden, so vertreibt Gebet mit Fasten schlechte Gedanken.« (3)   *894*

+

Altvater Poimen sprach: »Es steht geschrieben: Wie der Hirsch nach den Wasserquellen lechzt, so verlangt meine Seele nach dir, o Gott (Ps 41,2). Die Hirsche in der Wüste schlingen viele Schlangen hinunter, und wenn sie das Gift brennt, verlangen sie, zum Wasser zu kommen. Wenn sie es trinken, kühlen sie sich ab von dem Gifte der Schlangen. So ist es auch mit den Mönchen: Wenn sie in der Einsamkeit leben, dann werden sie von dem Gift der bösen Dämonen in Brand gesetzt. Da sehnen sie sich nach dem Sabbat und dem Sonntag, um an die Wasserquellen zu kommen, das ist, zum Leib und Blut des Herrn, damit sie von der Bitterkeit des Bösen gereinigt werden.« (30)   *604*

Der Abbas Poimen erzählte: »Der Abbas Ammonas sagte: Da verbringt einer seine ganze Zeit damit, die Axt herumzutragen, und kann keinen Baum fällen. Ein anderer versteht sich auf das Fällen und legt mit wenigen Streichen den Baum um. *Und er erklärte, daß die Axt die Unterscheidungsgabe bedeute.*« (52)

626

+

Ein Altvater wurde von einem Bruder gefragt: Wie finde ich Gott? Vielleicht in Fasten oder in der Arbeit, bei Nachtwachen oder in Werken der Barmherzigkeit? Er antwortete: In alledem, was du aufgezählt hast und in der Unterscheidung (Discretio). Denn ich sage dir: gar manche haben ihr Fleisch gekreuzigt. Aber weil sie es ohne Unterscheidungsgabe taten, ging ihr Mühen ins Leere, und sie hatten nichts davon. Unser Mund riecht vom Fasten, wir haben die ganze Heilige Schrift gelernt, von ganzem Herzen haben wir die Psalmen Davids vollendet, aber das, was Gott verlangt, das haben wir nicht: Demut! (V,10,91)

1108

+

Abbas Poimen sagte: »Alles Übermaß ist von den Dämonen.« (129)

703

+

Ein Bruder saß ruhig in seinem Kellion, da wollten ihn die Dämonen in Gestalt von Engeln verführen, indem sie ihn zum Gebet aufweckten und ihm leuchteten. Jener aber begab sich zu einem Altvater und sagte zu ihm: Vater, Engel kamen zu mir und leuchteten mir zum Gebet. Der Greis sagte zu ihm: Höre nicht auf sie, denn es sind Dämonen. Wenn sie wieder kommen, dich zum Gebet aufzuwecken, dann sprich: Ich stehe auf, wann ich will, auf euch aber höre ich nicht. Nachdem er die Weisung des Alten empfangen hatte, kehrte er in sein Kellion zurück. In der folgenden Nacht aber kamen nach ihrer Gewohnheit die Dämonen und weckten ihn auf. Jener aber antwortete ihnen, wie ihn der Greis geheißen hatte, und sagte: Ich stehe auf, wann ich will, und auf euch höre ich nicht! Darauf sagten diese: Gewiß hat dich jener alte Bösewicht angeleitet, dieser Falsche, zu dem ein Bruder kam, um von ihm Geld zu entleihen, er aber, obwohl er es hatte, leugnete ihm gegenüber und sagte, er habe nichts, und gab ihm auch nichts. Am Morgen stand der Bruder auf, begab sich zu dem Greis und meldete ihm dies. Dieser antwortete: Wirklich, ich hatte Geld, und es ist auch wahr, daß jener Bruder kam, um zu entleihen, aber ich wußte, daß ich seine Seele verdorben hätte, wenn ich ihm geliehen hätte. Ich dachte also, es sei besser, ein Gebot zu umgehen, als zehn zu übertreten. Wir wären alle in Verwirrung geraten, wenn ich ihm das Geld gegeben hätte. Du aber höre nicht auf die Dämonen, wenn sie dich verführen wollen. Von diesen Worten des Greises gestärkt, ging er wieder in sein Kellion. (V, 10, 93)   *1109*

+

Einst erschien der Teufel einem Bruder verwandelt in einen Engel des Lichtes und sprach zu ihm: »Ich bin der Engel Gabriel und zu dir gesandt!« Jener aber entgegnete: »Siehe, ob du nicht zu einem anderen geschickt wurdest, denn ich bin nicht würdig, daß ein Engel zu mir geschickt würde.« Sofort verschwand der Teufel. (V, 15, 68)   *1074*

+

Die Altväter sagten: Wenn dir auch in Wahrheit ein Engel erschiene, nimm ihn nicht leicht auf; sondern verdemütige dich und sage: Ich bin nicht würdig, einen Engel zu schauen, weil ich in Sünden lebe. (V, 15, 69)   *1075*

+

Ein Greis wurde befragt, wieso einige sagen könnten, sie hätten Engel geschaut? Er antwortete: Selig ist, wer stets seine Sünden sieht! (V, 15, 87)·   *1085*

+

Man erzählte von einem anderen, daß er in seinem Kellion saß und Versuchungen ertrug, da sah er die Dämonen offensichtlich, aber er verachtete sie. Als aber der Teufel sich von dem Greise

besiegt sah, kam er selbst, zeigte sich ihm und sprach: »Ich bin
Christus! Warum hast du deine Augen verschlossen?« Der Greis
antwortete: »Ich will hier Christus nicht schauen, sondern in
jenem Leben erst.« Als der Teufel dies hörte, verschwand er.
(V, 15, 70)   *1076*

+

Ein Bruder kam zu Abbas Poimen und sagte zu ihm: »Ich
bestelle meinen Acker und gebe davon Almosen.« Der Altvater
sagte: »Du tust gut daran.« Er ging mit Zuversicht weg und gab
noch mehr Almosen. Abbas Anub hörte von dem Ausspruch
und sagte zu Abbas Poimen: »Fürchtest du Gott nicht, daß du
so zu dem Bruder sprichst?« Der Greis schwieg. Nach zwei
Tagen schickte der Altvater Poimen zu jenem Bruder und sagte
zu ihm, wobei der Abbas Anub ihn hörte: »Was hast du mir
gestern gesagt? Mein Geist war anderswo.« Der Bruder sagte:
»Ich bestelle meinen Acker und gebe davon Almosen.« Abbas
Poimen sprach nun zu ihm: »Ich glaubte, daß du von deinem
Bruder in der Welt sprichst. Wenn du also dieses Werk tust, so
ist es kein mönchisches!« Als der Bruder das hörte, wurde er
traurig und sagte: »Ich verstehe kein anderes Werk als dieses, ich
kann nichts als meinen Acker bestellen.« Als er nun weggegan-
gen war, warf sich der Abbas Anub auf die Knie und sagte:
»Verzeihe mir!« Und Abbas Poimen antwortete: »Auch ich
wußte von Anfang an, daß es kein Mönchswerk ist, aber ich
sprach gemäß seiner Fassungskraft, und ich gab ihm auch Mut
zur Vermehrung der Almosen. Nun aber ist er traurig weggegan-
gen, und er tut das gleiche Werk.« (22)   *596*

+

Ein Bruder fragte den Abbas Joseph: »Was soll ich tun? Ich
kann Übel nicht ertragen, kann nicht arbeiten und auch nicht
Liebe geben.« Der Greis sprach zu ihm: »Wenn du davon nichts
fertigbringst, dann bewahre dein Gewissen vor jeder Sünde
gegen den Nächsten, und du wirst das Heil erlangen.« (4) *387*

+

Ein Bruder fragte einige Altväter: »Wenn jemand an schmutzige Dinge denkt, wird er dadurch verunreinigt?« Als man darüber beratschlagte, sagten die einen: Ja, man wird befleckt!, andere aber meinten: Nein, denn wenn man verunreinigt wird, können wir nicht gerettet werden, die wir ungelehrte Leute sind. Aber das gereicht zum Heil, daß wir das, was wir denken, nicht wirklich tun. Jener Bruder aber war mit diesen verschiedenen Antworten der Väter nicht zufrieden, und so ging er zu einem ganz besonders bewährten Altvater und befragte ihn darüber. Der Greis erwiderte ihm: »Jeder wird nach seinem Maß beurteilt.« Da bat der Bruder den Greis: »Ich bitte dich um Gottes willen, erkläre mir diesen Ausspruch!« Der Greis sagte: »Siehe, hier liegt ein Gefäß, nach dem man Lust haben könnte. Nun kommen etwa zwei Brüder, von denen einer ein großes Maß bewährten Lebens besitzt, der andere ein geringes. Wenn nun das Denken des Vollkommenen sich auf dieses Gefäß richtet und er zu sich sagt: ich möchte dieses Gefäß haben, aber bei diesem Gedanken nicht verweilt, sondern diesen Wunsch sofort verdrängt, dann ist er nicht verunreinigt. Wenn aber der, der nicht zu so hohen Graden gekommen ist, jenes Gefäß begehrt, so daß er in seinen Gedanken mit diesem Wunsche kämpfen muß, es aber trotzdem nicht nimmt, so ist auch ein solcher nicht verunreinigt.« (V, 10, 78)   *1096*

+

Altvater Poimen fragte einmal den Altvater Joseph: »Was soll ich tun, wenn die Leidenschaften an mich herankommen? Soll ich ihnen widerstehen oder sie eintreten lassen?« Der Greis sagte zu ihm: »Laß sie eintreten und kämpfe mit ihnen!« In die Sketis zurückgekehrt, setzte er sich hin. Und es kam einer von den Thebäern in die Sketis und sagte zu den Brüdern: »Ich fragte den Abbas Joseph: ›Wenn die Leidenschaften mir nahekommen, soll ich widerstehen oder sie einlassen?‹ Und er sagte mir: ›Laß sie ganz und gar nicht hereinkommen, sondern haue sie auf der Stelle aus!« Der Altvater Poimen hörte, daß der Abbas Joseph so zum Thebäer gesprochen hatte. Er machte sich auf und ging zu ihm nach Panepho und sagte zu ihm: »Vater, ich habe dir meine Gedanken anvertraut, und siehe, du hast zu mir so gesprochen, aber anders zu dem Thebäer.« Der Greis gab zur Antwort: »Weißt du nicht, daß ich dich liebe?« Er sagte: »Ja!« Der Alte: »Sagtest du nicht zu mir: Wie zu dir selber, so sprich zu mir?« Er antwortete: »So ist es!« Da sprach der Greis: »Wenn die Leidenschaften eintreten und du ihnen gibst und von ihnen nimmst, so werden sie dich bewährter machen. Ich habe aber zu dir gesprochen wie zu mir selbst! Es gibt aber andere, denen es nicht frommt, daß die Leidenschaften an sie herankommen. Sie haben es nötig, sie auf der Stelle abzuschneiden.« (3)

386

DU BIST SCHON EINIGE JAHRE IM GRABE

ABBAS POIMEN

Über Krankheit und Sterben
und über den vorweggenommenen Tod

Ein Altvater sprach zu seinem Bruder: Vergegenwärtige dir alle Tage deinen Tod als nahe, und kümmere dich um nichts in dieser Welt, *gleich, als lägest du schon lang im Grabe*. Habe auch immer die Gottesfurcht in dir. Halte dich für geringer als alle Menschen. Rede von niemand Schlechtes, denn Gott weiß alles. Sei vielmehr mit allen in Frieden, dann wird dir Gott allezeit die Herzensruhe schenken. (III, 206)   *1016*

+

Der Altvater Daniel erzählte über den Altvater Arsenios: Einmal kam ein Beamter und brachte ihm das Testament eines Senators, eines Verwandten von ihm, der ihm eine bedeutende Erbschaft hinterließ. Arsenios nahm es und wollte es zerreißen. Da fiel ihm der Beamte zu Füßen und sprach zu ihm: »Zerreiße es bitte nicht; denn das kostet mich den Kopf!« Da sagte zu ihm der Altvater Arsenios: »Ich bin vor jenem schon gestorben, und er ist eben erst gestorben.« Und er gab ihm das Testament zurück, ohne etwas zu nehmen. (29)   *67*

+

Dem Altvater Ammonas weissagte der Altvater Antonios: »Du bist auf dem Wege, in der Furcht des Herrn Fortschritte zu machen.« Er führte ihn aus der Zelle heraus, zeigte ihm einen Stein und sagte: »Verhöhne diesen Stein und schlage ihn!« Ammonas tat so. Und Altvater Antonios sprach zu ihm: »Nun, hat der Stein etwas gesagt?« Er antwortete: »Nein!« Altvater Antonios sprach weiter: »So wirst auch du dieses Maß erreichen!« Und das geschah auch. Altvater Ammonas machte nämlich solche Fortschritte, daß er in vieler Gutheit von der Schlechtigkeit nichts mehr wußte. Als er in dieser Art Bischof

geworden war, brachte man zu ihm ein Mädchen, das schwanger
war. Sie sagten ihm: »Der N. hat das getan, gib ihnen die
Strafe!« Ammonas machte das Kreuzzeichen über ihren Leib
und befahl, ihr sechs Paar Linnentücher zu geben mit der
Begründung: »Damit nicht, wenn es zur Geburt kommt, sie oder
das Kind sterbe und sich dann nichts zum Begräbnis findet.« Da
sagten jene, die sie angeklagt hatten, zu ihm: »Warum hast du
das getan? Gib ihnen doch ihre Strafe!« Er aber antwortete
ihnen: »Ihr seht doch, Brüder, daß sie nahe dem Tode ist. Was
soll ich ihr antun?« Und er ließ sie gehen. Der Alte wagte nicht,
jemand zu verurteilen. (8)   *120*

+

Der Altvater Johannes erzählte, daß die Altväter Anub und
Poimen und ihre übrigen Brüder die gleiche Mutter hatten. Sie
waren Mönche in der Sketis geworden. Als die Maziken kamen
(Barbaren, die nach 410 die Sketis verwüsteten und viele der
Altväter töteten), schieden sie von dort und kamen an einen Ort
namens Terenutis, und sie wollten sehen, wie lange sie bleiben
müßten. Sie hielten sich einige Tage in einem alten Tempel auf.
Der Altvater Anub sprach zum Altvater Poimen: »Tu mir die
Liebe, daß du und alle deine Brüder in der Einsamkeit der
Beschauung pflegen, und wir wollen die ganze Woche nicht
zusammenkommen.« Und sie machten es so. Es war aber dort
im Tempel ein steinernes Götzenbild. Jedesmal, wenn der
Altvater Anub am Morgen aufstand, bewarf er sein Antlitz mit
Steinen, am Abend jedoch sprach er: »Verzeih mir!« Eine ganze
Woche hindurch tat er so. Am Abend des Sabbats kamen sie
zusammen, da sagte der Altvater Poimen zum Altvater Anub:
»Ich sah, Altvater, wie du diese Woche das Angesicht des
Götterbildes mit Steinen bewarfst und dann dich vor ihm
niederwarfst. Tut das ein gläubiger Mensch?« Der Altvater
antwortete: »Auch das habe ich euretwegen getan. Ihr saht, daß
ich das Angesicht des Bildes mit Steinen bewarf – hat es da
gesprochen oder sich erzürnt?« Altvater Poimen antwortete:
»Nein.« »Und wiederum, als ich mich niederwarf, wurde es
unwillig und sagte: ich verzeihe nicht?« Altvater Poimen

antwortete: »Nein.« Da erklärte der Altvater: »Wir sind sieben Brüder. Wenn ihr wollt, daß wir beieinander bleiben, dann laßt uns werden wie dieses Bild da! Ob es verhöhnt wird oder ob es verehrt wird, es gerät nicht in Bewegung. Wenn ihr aber nicht so werden wollt, siehe, es sind vier Tore im Tempel, jeder kann hinausgehen, wo er will.« Da warfen sie sich zur Erde und sagten zum Altvater Anub: »Wie du willst, Vater, tun wir; deinen Worten gehorchen wir.« Der Altvater Poimen sagte: »Wir blieben unsere ganze Lebenszeit beieinander, indem wir nach der Weisung, die er uns gab, arbeiteten. Einen von uns stellte er als Verwalter auf. Was der uns vorsetzte, das aßen wir, und das gab es nicht, daß einer von uns gesagt hätte: Bring uns doch einmal etwas anderes, oder: das wollen wir nicht essen. So verhielten wir uns alle unsere Zeit und waren in Ruhe und Frieden.« (1)

+

138

Ein Bruder kam zum Altvater Makarios, dem Ägypter, und sagte zu ihm: »Vater, sage mir ein Wort! Wie kann ich das Heil erlangen?« Der Greis belehrte ihn: »Sieh hin zum Grabmal, und höhne die Toten.« Der Bruder ging also hin, verhöhnte und warf mit Steinen. Dann kam er zurück und berichtete dem Greis. Der fragte: »Haben sie dir nichts gesagt?« Er antwortete: »Nein.« Da sprach der Greis zu ihm: »Gehe morgen wieder hin und lobe sie!« Der Bruder ging hin und lobte sie und sprach: »Apostel, Heilige, Gerechte!« Und er kam zum Greis und berichtete: »Ich habe sie gelobt!« Und er fragt ihn: »Haben sie nichts geantwortet?« Der Bruder antwortete: »Nein!« Da belehrte ihn der Greis: »Du weißt, wie sehr du sie geschmäht hast, und sie antworteten dir nicht – und wieviel du sie gelobt hast, und sie haben nichts zu dir gesagt. So mußt auch du sein, wenn du das Heil erlangen willst. Werde ein Leichnam, beachte weder das Unrecht der Menschen noch ihr Lob – wie die Toten, und du wirst gerettet werden!« (23)

476

+

Abbas Moses sagte: »Der Mensch muß tot sein für seinen Genossen, damit er ihn nicht in irgendeiner Sache richte.« (14)

+

508

Ein Bruder fragte den Altvater Moses: »Ich sehe eine Aufgabe vor mir und kann sie nicht erfüllen.« Da sagte ihm der Alte: »Wenn du nicht ein Leichnam wirst wie die Begrabenen, kannst du sie nicht bewältigen.« (11)   505

+

Der Altvater Poimen erzählte: Ein Bruder fragte den Altvater Moses, auf welche Weise sich ein Mensch zum Toten gegenüber dem Nächsten machen könne. Der Greis antwortete: »Wenn sich der Mensch in seinem Herzen nicht zu einem macht, der schon drei Tage im Grabe liegt, dann wird er nicht zu jener geistlichen Einstellung kommen.« (12)   506

+

Paesios, der Bruder des Altvaters Poimen, hatte einmal eine Unstimmigkeit mit einem außerhalb seines Kellions. Dem Abbas Poimen war das nicht recht, so erhob er sich und floh zum Altvater Ammonas. Er sagte ihm: »Paesios, mein Bruder, hat eine Feindseligkeit mit einem, und das läßt mich nicht zur Ruhe kommen.« Abbas Ammonas antwortete ihm: »Poimen, du lebst doch noch? Auf, setze dich in dein Kellion und sage zu deinem Herzen: Du bist schon ein Jahr im Grab.« (2)   576

+

Paizius und sein Bruder kamen einmal ins Geraufe, wobei ihnen der Altvater Poimen zusah, bis ihnen das Blut aus den Köpfen rann. Aber der Greis sagte nicht ein einziges Wort zu ihnen. Als der Abbas Anub hereinkam und sie so sah, sagte er zum Abbas Poimen: »Warum hast du die Brüder miteinander raufen lassen, ohne etwas zu ihnen zu sagen?« Altvater Poimen antwortete ihm: »Sie sind ja Brüder, und sie werden bald wieder Frieden miteinander machen.« Da sprach der Abbas: »Was ist das? Du hast doch gesehen, daß sie so getan haben, und da sagst du: sie werden sich wieder vertragen!« Abbas Poimen entgegnete: »Stelle dir vor, daß ich nicht hier drinnen war!« (173)   747

+   +
+

Altvater Poimen sprach: »Wenn drei zusammen wohnen, von denen der eine die Herzensruhe bewahrt, *der andere krank ist, aber dafür dankt*, und der dritte in reiner Gesinnung dient, dann haben sie alle drei das gleiche Werk.« (29)   603

+

Der Altvater Poimen erzählte über den Abbas Kopris: »Er erreichte ein solches Maß, daß er krank und bettlägerig Dank sagte und seinem eigenen Willen Einhalt gebot.« (1)   442

+

Der Altvater Joseph von Theben sprach: »Drei Dinge sind vor dem Herrn in Ansehen: erstens, wenn der Mensch krank ist und, wenn ihm dann Anfechtungen zusetzen, er sie mit Dank annimmt. Das zweite: wenn er alle seine Werke rein vor Gott verrichtet ohne menschliche Beimischung. Das dritte: wenn einer in der Unterordnung gegen einen geistlichen Vater verharrt und allem eigenen Willen absagt. Ein solcher hat einen unbeschreiblich schönen Kranz. Ich habe mir die Krankheit gewählt.

424

+

Einst wurde ein Altvater, der als Einsiedler lebte, krank, und da er niemand hatte, der ihm diente, stand er auf und aß, was er gerade in seinem Kellion fand. Und so vergingen einige Tage, ohne daß ihn jemand besucht hätte. Nach dreißig Tagen etwa, als noch immer niemand gekommen war, sandte ihm Gott einen Engel, der ihm diente. Als er das sieben Tage lang getan hatte, erinnerten sich die übrigen Altväter doch an ihn und sagten zueinander: Wir wollen hingehen und nachsehen, ob jener Greis nicht etwa erkrankt ist. Als sie kamen und anklopften, entwich der Engel. Der Alte aber rief von innen: Geht fort von hier, Brüder! Jene aber hoben die Tür aus den Angeln, traten ein und fragten ihn, warum er gerufen habe. Er antwortete: weil ich dreißig Tage an meiner Krankheit litt und niemand mich besuchte. Und jetzt sind es schon sieben Tage, daß Gott mir einen Engel sandte, der mir diente. Aber wie ihr gekommen seid, ist er verschwunden. Und als er das gesagt hatte, entschlief er in

Frieden. Da wunderten sich die Brüder und priesen Gott, indem sie sagten: Gott verläßt die auf ihn Hoffenden nicht. (V, 7, 44)

1153

+

Der Altvater Longinus sagte: »Geht es dir einmal schlecht, dann sprich: Werde noch kränker und stirb! Und wenn du mich bittest, außer der Zeit zu essen, dann gebe ich dir nicht einmal die tägliche Nahrung.« (2)

450

+

Eine Frau hatte an den Brüsten eine Krankheit, Krebs genannt, und als sie vom Abbas Longinus hörte, suchte sie mit ihm zusammenzutreffen. Er hatte damals seinen Sitz am neunten Meilenstein vor Alexandrien. Als das Weib suchte, traf es sich, daß jener Selige am Meer entlang Holz sammelte. Sie fand ihn und sagte zu ihm: »Abbas, wo weilt der Altvater Longinus, der Diener Gottes?« Sie wußte nicht, daß er es selber war. Er aber sagte: »Was willst du von diesem Schwindler? Geh nicht zu ihm: er ist ein Betrüger! Übrigens, was ist das, was du hast?« Die Frau zeigte ihm das Leiden. Er machte ein Kreuz darüber und entließ sie mit den Worten: »Gehe, und Gott heilt dich! Denn der Longinus kann dir nicht helfen.« Die Frau ging, dem Worte vertrauend, und wurde auf der Stelle geheilt. Hernach erzählte sie einigen das Geschehnis, und als sie die Erkennungszeichen des Greises angab, erfuhr sie, daß es der Abbas Longinus selber war. (3)

451

+

Ein Greis wurde häufig krank. Da geschah es, daß er einmal ein ganzes Jahr nicht krank gewesen war, und das betrübte ihn so sehr, daß er unter Tränen ausrief: Gott hat mich verlassen, da er mich nicht heimsuchte. (V, 7, 41)

1139

+

Ein Altvater sagte: Wenn dir eine körperliche Krankheit zustößt, dann werde nicht kleinmütig; denn wenn Gott will, daß dein Körper schwach werde, wer bist du, daß du das unwillig aufnehmen dürftest? Wird er nicht in allem für dich sorgen? Lebst du von dir selbst? Trage es also geduldig und bitte ihn, er wolle dir geben, was du brauchst, das heißt, daß du tuest, was sein Wille ist, und bleib sitzen in Geduld und genieße in Liebe, was du besitzest. (V,7,45)   *1154*

+

Einst gingen drei Brüder in die Ernte und übernahmen es, einen bestimmten Platz von sechzig Maß (entweder Scheffel oder halbes Tagwerk umfassend) abzuernten. Einer von den dreien wurde bereits am ersten Tag krank und kehrte in sein Kellion zurück. Die beiden anderen, die bei der Arbeit blieben, sagten zueinander: Siehst du, Bruder, unser Bruder ist nun erkrankt. Bemühen wir uns also besonders, und hoffen wir von Gott, daß wir auf das Gebet unseres Mitbruders hin sowohl unsere Aufgabe als auch seinen Teil der Arbeit bewältigen. Als sie nun das ganze Feld abgeräumt hatten und hingingen, um ihren Lohn zu empfangen, riefen sie auch jenen Bruder herbei und sagten: Komm, Bruder, nimm auch du deinen Lohn! Der aber sagte: Welchen Lohn soll ich denn empfangen, ich habe doch nicht geerntet? Aber jene sagten: Durch dein Gebet haben wir die Ernte bewältigt, komm also und empfange deinen Lohn! Darüber entstand nun ein großer Streit: Jener sagte, er wolle nichts nehmen, weil er nichts gearbeitet habe, diese hingegen wollten nicht eher ruhen, als bis er seinen Lohn genommen habe. Daher brachten sie ihren Streit vor einen großen Altvater zur Entscheidung. Jener Bruder sprach: Wir drei gingen aus, um auf dem Feld eines Mannes um Taglohn zu ernten. Als wir dort angekommen waren, fiel ich in eine Krankheit und kehrte in mein Kellion zurück, so daß ich keinen einzigen Tag mit ihnen arbeiten konnte. Und nun wollen sie mich zwingen, den Lohn zu empfangen, wo ich doch gar nicht gearbeitet habe. Die beiden anderen Brüder aber sprachen: In Wahrheit gingen wir aus, um zu ernten. Und wir verpflichteten uns, einen Platz von dreißig Tagwerken abzuernten. Selbst wenn wir alle drei zusammengeholfen hätten, hätten wir nur mit größter Mühe diese Arbeit leisten können, aber durch das Gebet dieses Bruders wurden wir

Ο ΟСΙΟС ΑΒΒΑ ΑΡСΕΝΙΟС

ΙС ΧС
ΝΙ ΚΑ

ΦΧ ΦΠ

schneller damit fertig, als es sonst drei zustande gebracht hätten. Und wir räumten den ganzen Acker ab. Darum sagten wir auch zu ihm, er solle seinen Lohn empfangen. Er aber will nicht. Als der Altvater dies hörte, staunte er und sagte zu einem seiner Mönche: Geh und gib das Zeichen, daß sich alle Brüder versammeln sollten. Als sie gekommen waren, sagte er zu ihnen: Kommt, meine Brüder, und hört heute ein gerechtes Urteil! Hierauf erzählte er ihnen die ganze Sache und verurteilte jenen Bruder dazu, seinen Lohn in Empfang zu nehmen und mit ihm nach Gutdünken zu verfahren. Der Bruder aber ging traurig und weinend weg, als wenn ihm das größte Unrecht zugefügt worden wäre. (V,17,20)   *1177*

✛

Amma Synkletika sprach: Vielfach sind die Nachstellungen des Teufels. Kann er die Seele nicht durch Armut abbringen, dann bringt er den Reichtum als Köder herbei. Vermag er nichts durch Schmach und Schande, dann hält er ihr Lob und Ehre vor. Wenn er durch Gesundheit Niederlagen einstecken muß, macht er den Leib krank. Wenn er mit den Lüsten nicht täuschen kann, dann versucht er, durch ungewollte Anstrengungen den Umschwung herbeizuführen. Er führt gewisse sehr schwere Krankheiten herbei, wenn es ihm erlaubt wird, um bei denen, die kleinmütig werden, die Liebe Gottes zu verdunkeln. Da wird dann der Leib durch die heftigen Fieberschauer aufgerieben und durch unerträglichen Durst belästigt. Wenn du als Sünder das auszustehen hast, dann erinnere dich der kommenden Strafe und des ewigen Feuers und der vom Richter verhängten Qualen, und sei wegen der Gegenwart nicht verzagt. Freue dich, daß dich Gott heimgesucht hat, und habe jenes wohlklingende Wort auf der Zunge: »Züchtigend hat Gott mich gezüchtigt, aber mich nicht dem Tode überantwortet« (Ps 117,18). Du warst wie Eisen, aber durch das Feuer brennst du den Rost weg; wenn du aber als Gerechter der Krankheit verfällst, so wirst du vom Großen zu Größerem fortschreiten. Ein Engel wurde dir für das Fleisch bestellt (2 Kor 12,7). Freue dich! Siehe, wem du gleich geworden bist! Denn des Loses des heiligen Paulus wurdest du gewürdigt. Wirst du durch Hitze erprobt und durch Kälte gezüchtigt, dann sagt dir die Schrift: Wir gingen durch Feuer und Wasser hindurch, und du hast uns in die Erquickung geführt (Ps 68,12). Wenn du das Erste erreicht hast, dann erwarte das Zweite! Übst du die Tugend, dann rufe laut die Worte des Heiligen, der da sagt: Arm und leidend bin ich (Ps 68,30). Vollendet wirst du durch diese doppelte Bedrängnis. Denn er sagt: In der Bedrängnis hast du mir weiten Raum geschaffen (Ps 4,2). In solchen Ubungen laßt uns unsere Seelen bilden. Denn vor Augen sehen wir den Feind. (7)   *898*

+

Wiederum sagte sie: »Wenn wir von Schwäche belästigt werden, sollen wir uns nicht betrüben, weil wir wegen der Krankheit und der Schläge für den Körper die Psalmen nicht mit der Stimme beten können. Denn das alles wurde über uns zur Läuterung von den Begierden verhängt. Denn auch das Fasten und das Auf-dem-Boden-Schlafen ist uns wegen der Gelüste verordnet. Wenn aber die Krankheit sie schon geschwächt hat, braucht man sich darüber keine Gedanken mehr zu machen. Denn das ist die große Askese: In Krankheiten tapfer aushalten und Dankeshymnen zu Gott emporsenden.« (8)   *899*

Einmal sandten die Väter vom Berge zum Altvater Makarios in der Sketis und forderten ihn auf: »Damit nicht das ganze Volk deinetwegen beschwert wird, indem sie zu dir kommen, bitten wir dich, zu uns zu kommen, damit wir dich sehen, *bevor du zum Herrn wanderst*.« Als er auf dem Berge erschien, sammelte sich das ganze Volk um ihn. Und die Alten baten ihn, an sie das Wort zu richten. Als er das hörte, sprach er: »Weinen wir, Brüder, unsere Augen sollen Tränen hervorbrechen lassen, bevor wir dahin abscheiden, wo die Tränen unsere Leiber verbrennen.« Und alle weinten und fielen vor ihm nieder und flehten: »Vater, bete für uns!« (34)   *487*

+

Einst starb in der Sketis ein Altvater. Die Brüder umstanden sein Bett, um ihm beizustehen und ihn zu beweinen. Er aber öffnete seine Augen und lachte, öffnete wieder seine Augen und lachte ein zweites Mal und tat dasselbe ein drittes Mal. Da fragten ihn die Brüder: »Sage uns, Vater, warum du lachst, während wir weinen?« Der Altvater antwortete: »Zum ersten Mal habe ich gelacht, weil ihr alle den Tod fürchtet. Zum zweiten Mal, weil ihr nicht bereit seid. Und zum dritten Mal, weil ich von der Arbeit hingehe zur Ruhe.« (III, 159)   *999*

+

Drei Altväter, die seine Geschichte gehört hatten, kamen zum Abbas Sisoes. Der erste sprach zu ihm: »Vater, wie kann ich gerettet werden vor dem Feuerstrom?« Sisoes antwortete ihm nicht. Der zweite sprach: »Vater, wie kann ich gerettet werden vor dem Zähnekirschen (Mt 8,42) und dem Wurm, der nicht stirbt?« (Mk 9,44; Is 66,24). Der dritte sagte: »Vater, was soll ich tun, da der Gedanke an die äußerste Finsternis mich tötet?« Nun antwortete ihnen der Greis: »Ich denke nicht an diese Dinge. Denn Gott ist voll Erbarmen, ich hoffe, daß er mir Barmherzigkeit schenken wird.« Als die Greise diese Rede hörten, gingen sie betrübt davon. Da jedoch der Altvater nicht wollte, daß sie traurig weggingen, rief er sie zurück und sagte zu ihnen: »Selig seid ihr, Brüder! Ich habe Neid gegen euch bekommen. Denn der erste sprach vom Feuerstrom, der zweite vom Tartaros, der dritte von der Finsternis. Wenn euer Denken sich mit solcher Erinnerung befaßt, dann ist es nicht möglich, daß ihr sündigt. Was soll da ich hartherziger Mensch tun, der sich nicht dazu versteht, um die Bestrafung der Menschen sich Gedanken zu machen? Die Folge ist, daß ich zu jeder Stunde sündige.« Die Brüder warfen sich vor ihm nieder und sagten: »Was wir gehört haben, das haben wir auch gesehen!« (18)   *822*

+

Man erzählte von Abbas Sisoes: Als er im Sterben lag, saßen die Brüder um ihn herum, und sein Angesicht leuchtete wie die Sonne. Er sagte zu ihnen: »Seht, der Altvater Antonios ist gekommen.« Nach einiger Zeit sagte er wieder: »Seht, der Chor der Propheten ist gekommen.« Und wieder leuchtete sein Angesicht ungewöhnlich hell auf, und er sprach: »Seht, der Chor der Apostel ist gekommen.« Und doppelt hell strahlte wieder sein Angesicht auf, und siehe, es war, wie wenn er mit jemand spräche. Da baten ihn die Greise: »Vater, mit wem unterhältst du dich?« Aber er sagte: »Seht, die Engel sind gekommen, mich mitzunehmen, aber ich bat sie, mich noch ein wenig Buße tun zu lassen.« Darauf sagten die Väter: »Du hast es doch nicht notwendig zu büßen, Abbas.« Der Altvater aber sprach zu ihnen: »Wahrhaftig, ich wüßte nicht, daß ich den Anfang dazu gemacht hätte.« Da erkannten alle, daß er vollkommen sei. Und wiederum wurde plötzlich sein Antlitz wie die Sonne. Alle fürchteten sich, und er sprach zu ihnen: »Seht, der Herr ist gekommen, und er sagt: Bringt mir das auserwählte Gefäß der Wüste.« Und gleich darauf gab er den Geist auf. Und er wurde wie ein Blitz, und das ganze Haus wurde von Wohlgeruch erfüllt. (14)   *817*

+

Als der Altvater Arsenios im Sterben lag, gerieten seine Schüler in Unruhe. Und er sprach zu ihnen: »Noch ist die Stunde nicht gekommen. Wenn sie da ist, werde ich es euch ansagen… Als er nahe dem Verscheiden war, bemerkten die Brüder, daß er weinte. Da sprachen sie zu ihm: »Wahrhaftig, Vater, auch du fürchtest dich?« Er antwortete ihnen: »In Wahrheit, die Furcht, die jetzt in dieser Stunde in mir ist, ist in mir, seit ich Mönch geworden bin.« Und so entschlief er. (40)   78

✝

Abbas Matoe sagte: »Je mehr der Mensch Gott nahe kommt, desto mehr sieht er sich als einen Sünder. Auch Isaias, der Prophet, schaute Gott, und er bezeichnete sich als armselig und unrein« (Is 6,5). (2)   514

✝

Derselbe sagte: »Als ich jünger war, sagte ich zu mir: Vielleicht werde ich ein gutes Werk tun! – Jetzt aber, da ich alt geworden bin, sehe ich, daß ich auch nicht ein gutes Werk in mir habe.« (3)
                                                                          515

✝

Man erzählte von Abbas Pambo: Als er im Sterben lag, sagte er in der Todesstunde zu den heiligen Männern, die ihn umstanden: »Seitdem ich an diesen Ort in der Wüste gekommen bin und mir das Kellion erbaut habe, erinnere ich mich nicht, weder Brot gegessen zu haben, das ich nicht durch Handarbeit erworben hatte, noch empfinde ich Reue über ein Wort, das ich gesprochen habe, bis zu dieser Stunde. Und doch gehe ich zu Gott als einer, der nicht einmal angefangen hat, Gott zu dienen.« (8)   769

✝

Man erzählte vom Altvater Joseph in Panepho: als er im Sterben lag und die Alten herumsaßen, schaute er scharf auf die Tür und sah den Teufel an der Tür sitzen. Darum sprach er zu seinem Schüler: »Bring mir einen Stab! Denn der da meint, weil ich alt geworden bin, vermöchte ich nichts mehr gegen ihn.« Wie er den Stab in die Höhe hielt, sahen die Greise, daß jener sich wie ein Hund durch die Türe zwängte und unsichtbar wurde. (11) 394

✝

Sterbend sagte der Altvater Besarion: »Der Mönch muß sein wie die Cherubim und Seraphim: ganz Auge!« (11)   *166*

+

Man erzählte vom Altvater Agathon, daß er bestrebt war, jedes Gebot zu halten. Wenn er in ein Schiff stieg, ergriff er als erster das Ruder, und wenn Brüder zu ihm kamen, dann besorgte seine Hand, unmittelbar nach dem Gebet, den Tisch. Denn er war voll Gottesliebe. Als es mit ihm zum Sterben kam, verharrte er drei Tage mit offenen Augen und bewegte sich nicht. Da zupften ihn die Brüder und fragten: »Altvater Agathon, wo bist du?« Er antwortete: »Ich stehe im Angesicht des Richterstuhles Gottes.« Sie sagten zu ihm: »Fürchtest auch du dich, Vater?« Er antwortete ihnen: »Bisher habe ich meine Kraft eingesetzt, um die Gebote Gottes zu halten, aber ich bin ein Mensch. Woher kann ich wissen, ob mein Wirken gottgefällig war?« Da sagten die Brüder zu ihm: »Hast du kein Vertrauen auf dein Werk, daß es im Sinne Gottes war?« Der Greis erwiderte: »Ich habe keine Zuversicht, bis ich Gott gegenüberstehe. Denn anders ist das Gericht Gottes und anders das der Menschen.« Als sie ihn noch etwas fragen wollten, sagte er zu ihnen: »Tut mir den Gefallen und sprecht nicht mehr mit mir; denn ich bin beschäftigt.« So ward er vollendet in Freude. Sie sahen, daß er sich aufrichtete, wie wenn einer seine Freunde begrüßt. Er hatte Wachsamkeit in allen Dingen und pflegte zu sagen: »Ohne große Wachsamkeit schreitet der Mensch auch nicht in einer Tugend voran.« (29)
111

+

Im Sterben sagte der Altvater Benjamin zu seinen Söhnen: »Tut dies, und ihr werdet das Heil finden, nämlich: Freut euch allezeit, betet ohne Unterlaß und sagt in allem Dank« (1 Thess 5,16ff.). (4)   *171*

+

Altvater Poimen erzählte, daß der Altvater Moses den sterben-
den Altvater Zacharias fragte: »Was siehst du?« und dieser
geantwortet habe: »Ist es nicht besser zu schweigen, Vater?«
»Ja, Kind, schweige!« In der Todesstunde saß der Altvater
Isidor bei ihm. Er blickte zum Himmel auf und sagte: »Freue
dich, mein Kind Zacharias: aufgetan sind dir die Pforten des
Königreiches der Himmel!« (5)   *247*

GEWINNEN WIR DEN BRUDER, SO GEWINNEN WIR GOTT

ABBAS ANTONIUS

Von der Kultur des Herzens

Der Altvater Antonios sagte: »Vom Nächsten her kommen uns Leben und Tod. *Gewinnen wir nämlich den Bruder, so gewinnen wir Gott*. Geben wir hingegen dem Bruder Ärgernis, so sündigen wir gegen Christus.« (9)   *9*

+

Altvater Johannes Kolobos sprach: »Es ist unmöglich, ein Haus von oben nach unten zu bauen, sondern vom Grund aus muß es in die Höhe.« Sie fragten ihn: »Was ist der Sinn dieses Wortes?« Er antwortete ihnen: »Der Grundstein ist der Nächste, daß du ihn gewinnst. Das muß am Anfang stehen, davon hängen alle anderen Weisungen des Herrn ab« (Mt 22,39f.). (39)   *354*

+

Man erzählte vom Abbas Makarios, dem Ägypter: Einmal stieg er von der Sketis auf den Berg von Nitria. Als er sich dem Orte näherte, sprach er zu seinem Schüler: »Geh ein wenig voraus!« Beim Vorangehen traf er auf einen Priester der heidnischen Griechen. Der Bruder schrie ihn an mit den Worten: »Weh, Weh, Dämon, wohin läufst du?« Jener drehte sich um, gab ihm Schläge und ließ ihn halbtot liegen. Dann nahm er seinen Stab und lief weiter. Nachdem er ein wenig weitergegangen war, begegnete ihm der Altvater Makarios und sagte zu ihm: »Heil dir! Heil dir! Du Mühseliger!« Darüber wunderte sich der Priester, kam näher zu ihm und fragte: »Was hast du Gutes an mir gesehen, daß du mich angesprochen hast?« Der Greis antwortete: »Weil ich sah, daß du dich umsonst plagst.« Der Priester sagte zu ihm: »Ich wurde von deinem Gruß bewegt. Ich erkannte, daß du Gott angehörst, aber ein anderer, böser Mönch begegnete mir und verhöhnte mich, und ich gab ihm tödliche Schläge.« Da erkannte der Greis, daß es sein Schüler war. Der Priester umfaßte nun seine Füße und sprach: »Ich lasse dich nicht, bis du mich zu einem Mönch machst!« Sie stiegen hinauf, wo der Mönch lag, nahmen ihn auf die Schultern und brachten ihn in die Versammlung auf dem Berge. Als die Brüder den Priester sahen, gerieten sie außer sich. Sie machten ihn zum Mönch, und viele von den Heiden wurden Christen. Darauf tat Altvater Makarios den Ausspruch: Ein böses Wort macht auch die Guten böse, ein gutes Wort macht auch die Bösen gut. (39)

492

+

Man erzählte von dem Altvater Isidor, dem Presbyter der Sketis: Hatte einer einen widerspenstigen oder schwachen Bruder oder einen nachlässigen oder überheblichen und wollte ihn hinauswerfen, dann sagte er: »Bring ihn hierher zu mir!« Und er nahm ihn auf und rettete ihn kraft seiner Langmut. (1)   357

+

Abbas Poimen sprach: »Wenn ein Mensch sündigt und es leugnet, indem er spricht: Ich habe nicht gesündigt, so verurteile ihn nicht. Andernfalls nimmst du ihm den Mut. Wenn du aber sagst: Sei nicht mutlos, Bruder, aber hüte dich in Zukunft!, dann erweckst du seine Seele zur Reue.« (23)   597

+

Ein Altvater sagte: Wenn zwischen dir und einem anderen sich ein Redestreit ergibt und der andere leugnet, indem er sagt: Ich habe das nicht gesagt!, dann streite nicht mit ihm und sage nicht: Doch, du hast es gesagt!, sonst wird er erregt und sagt dir: Ja, ich habe es gesagt! (V, 10, 100)   1113

+

Als einmal der Altvater Johannes Kolobos mit anderen Brüdern von der Sketis herabstieg, verirrte sich ihr Führer, denn es war Nacht. Da sagten die Brüder zum Abbas Johannes: »Was sollen wir tun, Vater, da der Bruder den Weg verfehlt hat. Daß wir nur auf dieser Irrfahrt nicht sterben!« Der Greis antwortete ihnen: »Wenn wir es ihm sagen, dann schmerzt und beschämt es ihn. Aber gebt acht, ich will mich erschöpft stellen und sagen: ich kann nicht mehr weitergehen, sondern bleibe hier bis zum Morgen.« Und er machte es so. Darauf sagten die anderen: »Auch wir gehen nicht mehr weiter, sondern bleiben bei dir sitzen.« Und so blieben sie sitzen bis zum Morgen und gaben so dem Bruder keinen Anstoß. (17)   *332*

Abbas Poimen wurde von einem Bruder gefragt: Was soll ich tun, Vater, denn ich werde von Traurigkeit niedergeschlagen. Der Greis antwortete ihm: *Schaue niemand für nichts an, verurteile niemand*, verleumde niemand, und der Herr wird dir Ruhe geben. (III, 100)   *1168*

+

Der Abbas Theodor von Pherme sagte: »Keine andere Tugend ist wie die: keinen verachten!« (13)   *280*

+

Einem Bruder im Koinobion des Abbas Elias begegnete eine Versuchung. Er wurde darauf von dort verjagt und kam auf den »Berg« zum Altvater Antonios. Dort blieb der Bruder einige Zeit, dann schickte Antonios ihn in das Koinobion zurück, von dem er hergekommen war. Als sie ihn sahen, vertrieben sie ihn wieder. Da kehrte er zum Altvater zurück und sagte: »Vater, sie wollen mich nicht mehr aufnehmen.« Da sandte ihnen Antonios Botschaft des Inhalts:

»Ein Schiff auf dem Meer litt Schiffbruch, verlor die Fracht und wurde mit Mühe an Land gerettet. Ihr aber wollt das, was auf das Land gerettet wurde, ins Meer versenken.« Wie sie hörten, daß der Altvater Antonios ihn schickte, nahmen sie ihn auf der Stelle wieder auf. (21)   *21*

+

Ein Bruder fragte den Altvater Poimen: »Wenn ich einen Bruder sehe, von dem ich einen Fehltritt erfahren habe, dann will ich ihn nicht in mein Kellion führen. Wenn ich aber einen sehe, der gut ist, dann freue ich mich mit ihm.« Der Greis sagte dazu: »Wenn du dem Guten ein wenig Gutes tust, dann tue dem anderen doppelt so viel. Denn er ist mit einer Schwäche behaftet. Da war in einem Koinobion ein Einsiedler namens Timotheos. Der Klostervorsteher hörte über einen Bruder ein Gerücht bezüglich einer Versuchung und fragte den Timotheus darüber. Der gab ihm den Rat, den Bruder fortzuschicken. Als er ihn nun fortjagte, wurde die Versuchung auf den Timotheus gelegt, bis er

in Gefahr geriet. Da weinte Timotheus vor dem Herrn und
sagte: »Ich habe gesündigt, verzeihe mir.« Und er hörte eine
Stimme, die zu ihm sprach: »Timotheus, glaube nicht, daß ich
dir das aus einem anderen Grunde getan habe, als weil du an
deinem Bruder vorbeisahst in der Zeit seiner Versuchung.« (70)

644

+

Man erzählte vom Altvater Makarios dem Großen, daß er, wie
es in der Schrift heißt, ein Gott auf Erden war (Ps 82,6); denn
wie Gott die Welt schützend deckt, so bedeckte Altvater
Makarios die Schwächen, die er sah, als sähe er sie nicht, und
was er hörte, als hörte er es nicht. (32)

485

+

Der Altvater Ammonas kam einmal irgendwohin, um zu essen.
Dort befand sich einer, der einen schlechten Ruf hatte. Es begab
sich, daß ein Weib daherkam und in das Kellion des Bruders mit
dem üblen Ruf ging. Als die Bewohner des Ortes das erfuhren,
gerieten sie in Aufregung und taten sich zusammen, um ihn aus
seinem Kellion zu vertreiben. Als sie erfuhren, daß der Bischof
Ammonas am Orte sei, gingen sie zu ihm und forderten ihn auf,
mit ihnen zu kommen. Als der Bruder das merkte, nahm er das
Weib und verbarg es in einem großen Faß. Wie nun die Menge
eintraf, wußte der Altvater Ammonas bereits, was vorgefallen
war, doch um Gottes willen verdeckte er die Sache. Er trat ein,
setzte sich auf das Faß und ordnete eine Durchsuchung des
Kellions an. Aber obwohl sie sorglich suchten, fanden sie das
Weib nicht. Da sagte der Altvater Ammonas: »Was ist das?
Gott soll euch vergeben!« (daß ihr den Bruder verleumdet
habt!). Dann nahm er den Bruder bei der Hand und ermahnte
ihn: Gib auf dich acht, Bruder!« Nach diesen Worten ging er
weg. (10)

122

+

Abbas Poimen sagte: »Den Nächsten belehren ist das gleiche
wie ihn anklagen« (Jak 3,1). (157)

731

+

Ein Bruder fragte einen Greis: »Wenn ich mit anderen Brüdern beisammenwohne und beobachte irgend etwas Unziemliches, soll ich dann (*mit ihnen) darüber reden?« Er antwortete: »Wenn sie älter sind als du oder gleichaltrig mit dir, dann wirst du mehr Ruhe haben, wenn du schweigst, denn je mehr du dich erniedrigst, desto sicherer wirst du sein.« Der Bruder fragte weiter: »Was soll ich also tun, Vater, denn mein Geist verwirrt mich?« Der Greis entgegnete ihm: »Wenn es dir schwer fällt, dann ermahne einmal demütig. Wenn sie dir aber nicht gehorchen, so gib dich vor Gott zur Ruhe, und er selbst wird dich trösten. Denn es ist gut, daß sich ein Diener Gottes vor dem Herrn erniedrigt und seinen eigenen Willen verläßt. Hab aber acht, daß deine Sorge sich auf Gott richte. Und dennoch, soviel ich sehe, ist es am besten zu schweigen, ja die Demut besteht für dich im Schweigen.« (V, 15, 76)   *1067*

+

Einige von den Alten kamen zum Altvater Poimen und sagten zu ihm: »Wenn wir beim Gottesdienst Brüder einnicken sehen, willst du, daß wir ihnen einen Stoß geben, damit sie in der Vigilie wachen?« Er erwiderte: »Wahrlich, wenn ich einen Bruder einnicken sehe, dann leg ich seinen Kopf auf meine Knie und lasse ihn ruhen.« (92)   *666*

+

Einige von den Vätern fragten den Altvater Poimen: »Wenn wir einen Bruder fehlen sehen, willst du, daß wir ihn zurechtweisen?« Der Greis antwortete ihnen: »Was mich betrifft: wenn ich durch jene Gegend wandern muß und ich sehe einen fehlen, dann gehe ich an ihm vorbei und weise ihn nicht zurecht.« (113)
687

+

Abbas Poimen sprach: »Es steht geschrieben: Was dein Auge gesehen hat, das bezeuge! (Spr. 25, 7). Ich aber sage euch: Auch wenn ihr es mit Händen greift, so redet nicht davon. Ein Bruder wurde in dieser Sache genarrt. Er sah etwas, wie wenn ein

Bruder mit einem Weibe sündigte. Stark angefochten, ging er hin und stieß mit dem Fuße, im Glauben, daß sie es seien, und sagte: ›Hört endlich auf, wie lange denn noch?‹ Und siehe: es fanden sich Getreidegarben! Deshalb sage ich euch: Auch wenn ihr es mit Händen greifen könnt, urteilt nicht!« (114)   *688*

+

Einmal kam der Altvater Isaak von Theben ins Koinobion und sah einen Bruder, der zu Fall gekommen war, und verurteilte ihn. Als er aber in die Wüste hinausgegangen war, kam ein Engel des Herrn und stellte sich vor die Tür seines Kellions und sagte: »Ich lasse dich nicht eintreten.« Er aber wandte ein: »Warum?« Der Engel gab ihm zur Antwort: Der Herr hat mich mit dem Auftrag gesandt: »Sage ihm: was soll ich mit dem gestrauchelten Bruder, den du gerichtet hast, anfangen?« Auf der Stelle bereute er und sagte: »Ich habe gefehlt, verzeihe mir!« Und der Engel sprach: »Steh auf, Gott hat dir verziehen. Aber sei in Zukunft auf der Hut, und verurteile niemand, ehe der Herr ihn gerichtet hat.« (1)
422

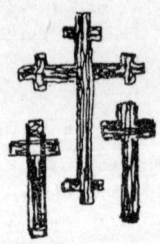

Ein Bruder fragte den Abbas Poimen: »Wie kann der Mensch der üblen Nachrede gegen den Nächsten entgehen?« Der Greis sagte: *»Wir und die Brüder sind zwei Bilder* (* die zusammengehören): zu der Stunde, in der der Mensch auf sich (selbst) achtet und sich tadelt, findet sich der Bruder bei ihm in Ehren. Wenn er sich aber gut vorkommt, findet er den Bruder schlecht vor seinen Augen.«   722

+

Ein Bruder kam zum Abbas Poimen, und als einige beisammen saßen, lobte er einen Bruder als einen, der Haß gegen das Böse habe. Da sagte der Altvater Poimen zu dem Sprecher: »Und was ist das, Haß gegen das Böse?« Der Bruder kam außer sich und wußte nichts zu antworten. Er stand auf, warf sich dem Greis zu Füßen und sagte: »Sage mir, was der Haß gegen das Böse ist!« Der Greis antwortete: »Haß gegen das Böse ist dies, wenn einer seine Sünden haßt und seinem Nächsten Gerechtigkeit widerfahren läßt.« (142)   716

+

Der Priester von Pelusium hörte einmal über einige Brüder, daß sie andauernd in der Stadt seien, ins Bad gingen und sich so selbst vernachlässigten. Als er in die Versammlung kam, nahm er ihnen das Mönchsgewand. Hernach aber ließ er ihm keine Ruhe, sein Herz pochte, es reute ihn und er ging zu Abbas Poimen – wie berauscht von seinem Gedanken, er brachte auch die Gewänder mit und berichtete dem Abbas die Sache. Der Greis sprach zu ihm: »Hast du nicht etwas vom alten Menschen an dir? Hast du ihn ausgezogen?« Der Priester antwortete: »Ich habe am alten Menschen noch teil.« Darauf der Alte: »Siehe nun: wie Du, so sind auch die Brüder. Wenn du noch ein wenig vom alten Menschen hast, dann bist du genauso der Sünde ausgeliefert.« Da ging der Priester weg, rief die Brüder zusammen, warf sich den Elfen zu Füßen, zog ihnen das Mönchsgewand wieder an und entließ sie. (11)   585

+

Ein Bruder hatte gesündigt und wurde vom Priester aus der Kirche gewiesen. Da erhob sich auch der Altvater Besarion und ging mit ihm hinaus, indem er sprach: »Auch ich bin ein Sünder!« (7)   162

+

Ein Bruder in der Sketis war gefallen. Man hielt eine Versammlung ab und schickte zu Abbas Moses. Der aber wollte nicht kommen. Daraufhin sandte ihm der Priester den Auftrag: »Komm, denn das Volk erwartet dich!« Moses erhob sich und kam. Er nahm einen durchlöcherten Korb, füllte ihn mit Sand und nahm ihn auf die Schulter. Die Brüder gingen ihm entgegen und sagten zu ihm: »Was ist das, Vater?« Da sprach der Greis zu ihnen: »Das sind meine Sünden. Hinter mir rinnen sie heraus, und ich sehe sie nicht, und nun bin ich heute gekommen, um fremde Sünden zu richten.« Als sie das hörten, sagten sie nichts mehr zu dem Bruder, sondern verziehen ihm. (2)   496

+

Der Altvater Paphnutios sagte: »Ich war auf Wanderung und es begegnete mir, daß ich mich wegen des Nebels verirrte und mich in der Nähe eines Dorfes befand; dort sah ich, daß einige Leute in schändlicher Weise miteinander verkehrten. Ich stellte mich hin und betete um Verzeihung meiner Sünden. Und siehe, da kam ein Engel mit einem Schwert und sagte zu mir: ›Paphnutios, alle, die ihre Brüder verurteilen, gehen durch dieses Schwert zugrunde. Du aber hast nicht geurteilt, sondern dich vor dem Angesichte Gottes verdemütigt, als hättest du diese Sünde begangen. Deswegen ist dein Name eingeschrieben im Buche der Lebendigen.‹« (1)   786

+

Abbas Moses sprach: »Wenn der Mensch nicht in seinem Herzen bewahrt, daß er ein Sünder ist, erhört ihn Gott nicht.« Ein Bruder fragte ihn: »Was ist das: in seinem Herzen sich für einen Sünder halten?« Der Greis erklärte: »Wenn jemand seine Sünden trägt, dann schaut er nicht auf die des Nächsten.« (16)
510

+

Einige von den Vätern fragten den Abbas Poimen: »Wie konnte der Abbas Nistheroos seinen Schüler so geduldig ertragen?« Abbas Poimen antwortete: »Wenn ich es gewesen wäre, ich hätte ihm ein Kopfkissen untergelegt.« Altvater Anub sprach daraufhin zu ihm: »Und was hättest du zu Gott gesagt?« Der Altvater Poimen entgegnete ihm: »Ich hätte gesagt: Du hast gesprochen: Entferne zuerst den Balken aus deinem Auge, dann erst kannst du sehen, wie du den Splitter aus dem Auge deines Bruders ausziehen kannst« (Mt 7,5). (131)   *705*

+

Der Bruder fragte Abbas Moses: »Da ist ein Mensch, der seinen Sklaven schlägt wegen einer bösen Tat, die er vollbracht hat. Was soll der Sklave sagen?« Der Greis erwiderte: »Wenn er ein guter Sklave ist, wird er sagen: ›Erbarme dich meiner, ich habe gefehlt.‹« Der Bruder fragte: »Wird er nichts anderes sagen?« Antwort: »Nein! Sobald er nämlich den Tadel auf sich nimmt und sagt: ich habe gefehlt – wird sein Herr auf der Stelle Erbarmen haben mit ihm. Die Hauptsache von allem ist: Den Nächsten nicht richten! Als nämlich die Hand des Herrn jede Erstgeburt in Ägypten getötet hatte, war nicht ein Haus ohne einen Toten« (Ex 12,30). Der Bruder fragte: »Was ist der Sinn dieser Rede?« Der Greis sagte: »Wenn wir unsere eigenen Sünden erkennen würden, dann würden wir nimmermehr die des Nächsten sehen. Denn töricht ist es, wenn ein Mensch, der selber einen Leichnam hat, ihn liegen läßt und fortgeht, den des Nächsten zu beweinen. Das »Absterben dem Nächsten« aber bedeutet: Daß du deine Sünden trägst und die jedes anderen Menschen unbeachtet läßt, weil der eine gut ist und der andere schlecht. Tue keinem Menschen Böses und denke über niemand Schlechtes in deinem Herzen, verachte keinen, der Böses tut, sei aber auch nicht einverstanden mit dem, der dem Nächsten Böses tut, und freue dich nicht mit einem, der seinem Nächsten Böses tut. Verleumde niemand, sondern sage: Gott kennt jeden, darum sei nicht einverstanden mit dem Ehrabschneider und freue dich nicht über seine Verleumdung, hasse aber auch den Verleumder nicht. Das heißt: Nicht richten! Habe keine Feindschaft mit einem Menschen, und laß die Feindschaft nicht über dein Herz Herr werden, hasse aber auch nicht den, der mit seinem Nächsten in Feindschaft lebt. (18)   512

+

Einmal kam ein Bruder im Koinobion zu Fall. In jener Gegend wohnte nun ein Einsiedler. Schon lange Zeit war er nicht mehr herausgekommen. Zu diesem Greis kam der Abt des Klosters und machte ihm von dem Vorfall Mitteilung. Der sagte darauf: »Jagt ihn davon!« So verließ der Bruder das Kloster, kam an einen Abgrund und weinte dort. Zufällig waren Brüder auf dem Weg zu Altvater Poimen, und als sie ihn weinen hörten, gingen sie herzu und fanden ihn in großem Leid, und sie forderten ihn auf, zum Altvater zu gehen. Aber er wollte nicht, sondern sagte nur: »Hier sterbe ich.« Sie kamen nun zum Altvater Poimen und erzählten ihm die Sache. Er ermutigte sie und sandte zum Bruder: »Saget ihm, der Abbas Poimen ruft dich!« Und so kam denn der Bruder zu ihm. Da ihn der Greis ganz erschüttert sah, stand er auf, begrüßte ihn, redete freundlich mit ihm und forderte ihn auf, etwas zu essen. Dann sandte der Altvater Poimen einen der Brüder zu dem Einsiedler mit der Botschaft: »Seit vielen Jahren begehrte ich, dich zu sehen, da ich von deinem Leben hörte, aber wegen der Saumseligkeit von uns beiden trafen wir einander nicht. Nun, da Gott es will und ein Anlaß gegeben ist, mach dir die Mühe und komm hierher, und so werden wir uns sehen.« Zuerst wollte der Einsiedler sein Kellion nicht verlassen, als er jedoch die Botschaft hörte, sagte er: »Wenn es nicht Gott dem Greise eingegeben hätte, dann hätte er nicht zu mir gesandt.« Er machte sich also auf und kam zu ihm. Mit Freude begrüßten sie einander und setzten sich. Der Altvater Poimen aber sprach zu ihm: »Zwei Menschen waren an einem Orte und beide hatten einen Toten. Der eine ließ aber seinen Toten liegen, ging fort und beweinte den des anderen.« Als der Greis das hörte, ging er wegen dieses Wortes in sich und dachte daran, was er getan hatte, und sprach: »Poimen – oben im Himmel, ich aber, ganz unten – auf der Erde!« (6)   580

Ο ΟϹΙ
ΟϹ
ΑΒΒΑ̃
Ϛ

ΒΗ
ϹΑ
ΡΙ
ϹΩ
Ν

Der Altvater Johannes Eunuchos erzählte: Unser Vater, der Altvater Antonios, sagte: »*Niemals habe ich meinen Vorteil dem Nutzen meines Bruders vorgezogen.*« (2)   402

+

Abbas Apollo sagte über die gastliche Aufnahme der Brüder: »Man muß den ankommenden Brüdern zu Füßen fallen; denn nicht ihnen, sondern Gott huldigen wir. Man sagt: Hast du deinen Bruder gesehen, so hast du den Herrn, deinen Gott, gesehen. Und das«, sagte er, »haben wir von Abraham übernommen: Wenn ihr sie aufnehmt, dann nötigt sie zu einer Erquickung (Gen 18,2). Und auch das haben wir gelernt, nämlich von Lot, der die Engel (zur Einkehr) nötigte« (Gen 19,3). (3)   151

+

Man erzählte sich vom Abbas Paphnutios, daß er nicht leicht Wein trank. Auf einer Wanderung geriet er in eine Räuberbande und fand sie beim Weintrinken. Einer der Bandenführer kannte ihn und wußte, daß er keinen Wein trinke. Da er sah, daß er sehr ermüdet war, mischte er einen Becher Wein und sagte, mit dem Schwert in der Hand, zum Greis: »Wenn du nicht trinkst, dann ermorde ich dich.« Der Greis erkannte, daß er nach Gottes Fügung handeln wolle, und im Wunsche, ihn zu gewinnen, nahm er und trank. Da fiel ihm der Räuberhauptmann zu Füßen und sagte: »Verzeihe mir, Vater, daß ich dich gequält habe.« Und der Greis sagte: »Ich vertraue auf Gott, daß er dir wegen dieses Bechers sein Erbarmen erzeigen wird in dieser und in der kommenden Welt.« Der Räuber antwortete: »Und ich vertraue zu Gott, daß ich von jetzt an niemandem mehr Böses zufügen werde.« Und der Altvater bekehrte die ganze Bande, indem er um des Herrn willen auf seinen Willen verzichtete. (2)   787

+

Ein Altvater sprach: Niemals ersehnte ich ein (* geistliches) Werk, das zwar mir nützte, aber meinem Bruder schadete; denn ich hoffe, daß ein Werk, das meinem Bruder Gewinn bedeutet, auch mir Frucht abwirft. (V,17,24)   *1179*

+

Einer der Väter sagte: Wenn dich einer um irgend etwas bittet, und du gibst es ihm nur gezwungenerweise, so sei doch wenigstens dein Wille dabei, denn es steht geschrieben: Wenn dich jemand nötigt, eine Meile mit ihm zu gehen, mit dem gehe zwei (Mt 5,41), das heißt: Wenn einer etwas von dir erbittet, dann gib es ihm von ganzem Gemüt und Herzen. (V,17,15) *1174*

+

Ein Bruder hatte Körbe gemacht und hatte auch schon die Henkel daran befestigt, da hörte er seinen Nachbarn sagen: »Was soll ich anfangen? Der Markttag ist nahe, und ich habe nichts, woraus ich die Handhieben an den Körben machen könnte.« Als jener dies hörte, ging er hin, zerstörte seine eigenen Henkel und brachte sie dem Bruder mit den Worten: »Siehe da, ich habe überflüssige Henkel, nimm sie und befestige sie an deinen Körben.« So bewirkte der Altvater durch seine übergroße Liebe, daß die Arbeiten des Bruders vollendet wurden, die eigenen aber ließ er unvollendet. (III,147)   *1170*

+

Man erzählte von Altvater Agathon: Er kam einmal in die Stadt, um Ware zu verkaufen. Da fand er einen Fremden, der auf die Straße geworfen war. Er war ohne alle Kraft, und niemand nahm sich seiner an. So blieb denn der Greis bei ihm, suchte für ihn eine Mietwohnung und bezahlte von seiner Handarbeit die Miete, und den Rest verwendete er für den Bedarf des Kranken. Vier Monate blieb er bei ihm, bis der Kranke gesund war. Dann kehrte der Alte in sein Kellion zurück, in Frieden. (27)   *109*

+

Zwei Altväter wohnten in einem Kellion und hatten sich nie jemals auch nur im geringsten entzweit. Da sprach einmal der eine zum anderen: Wir wollen auch einmal einen Streit anfangen wie andere Leute. Der andere aber sagte: Ich weiß nicht, wie ein Streit entsteht. Jener antwortete: Sieh, ich lege hier einen Ziegelstein in die Mitte und sage: Er gehört mir. Darauf sagst du: Nein, er gehört mir! Und daraus entsteht dann Streit und Zank. Und nachdem er den Stein in die Mitte gelegt hatte und sagte: Der ist mein und nicht dein!, antwortete der andere: Ich glaube, er ist mein. Hierauf sagte der erste wieder: Er ist doch mein und nicht dein! Da sagte der zweite: Wenn er denn dein ist, dann nimm ihn! Darauf hatte ihr Streit wieder ein Ende. (III,96)

1167

Abbas Poimen sagte: »Eine noch größere Liebe läßt sich nicht
finden als die: Sein Leben einzusetzen für seinen Nächsten (Joh
15,13). Denn *wenn einer ein böses Wort zu hören bekommt, das
heißt ein wehtuendes, und er mit einem ähnlichen antworten
könnte, aber kämpft, es nicht zu sagen* – oder, wenn er
übervorteilt wird und es erträgt und ihm nicht wieder vergilt –
ein solcher gibt seine Seele hin für seinen Nächsten.« (116) *690*

+

Zum Altvater Achilas kam einmal ein Bruder und sah, daß er
Blut aus dem Munde spuckte. Da fragte er ihn: »Was ist das,
Vater?« Der Greis erwiderte: »Das ist die Rede eines Bruders,
die mir wehe getan hat. Ich kämpfte mit mir, es ihm zu verstehen
zu geben. Doch dann bat ich Gott, daß die Rede von mir
genommen werde, und sie wurde Blut in meinem Munde, und
ich spuckte es aus – so bekam ich Ruhe und vergaß das Leid.« (4)

127

+

Als Abbas Johannes Kolobos einmal vor der Kirche saß,
scharten sich die Brüder um ihn im Kreise und fragten ihn über
ihre Gedanken. Das sah ein Altvater und von Neid angestachelt,
sagte er zu ihm: »Johannes, dein Becher ist voll Gift!« Johannes
antwortete: »So ist es, Vater! Und das hast du gesagt, obwohl
du nur das Äußere siehst, wenn du erst das Innere sähest, was
hättest du dann zu sagen!« (8)   *323*

+

Ein Bruder, der von einem anderen beschimpft worden war, kam
zu einem Altvater und sagte es ihm. Jener antwortete ihm: Gib
dich zufrieden, denn der Bruder wollte nicht dich beschimpfen,
sondern deine Sünden. Und in jeder Versuchung, die dir durch
einen Menschen widerfährt, beschuldige nicht diesen, sondern
sage nur: Wegen meiner Sünden stieß mir dies zu! (III,78) *1045*

+

Abbas Paulos Kosmetes und Timotheos, sein Bruder, hatten ihren Sitz in der Sketis, und oft kam es unter ihnen zum Streit. Da sagte Abbas Paulos: »Wie lange bleiben wir so?« Abbas Timotheos antwortete: »Erweise mir die Liebe und ertrage mich, wenn ich dir lästig falle, und wenn du mir lästig fällst, will auch ich dich ertragen.« Sie machten es so und hatten für die übrigen Lebenstage Ruhe. (1)   792

+

Altvater Niketa berichtete von zwei Brüdern, die zusammenkamen, um ein gemeinsames Leben zu führen. Der eine nahm sich folgendes vor: »Wenn mein Bruder etwas wünscht, dann werde ich es ihm tun.« Ebenso dachte auch der andere: »Ich werde den Willen meines Bruders tun.« Und sie lebten viele Jahre in großer Eintracht. Als der Feind das sah, zog er aus, sie zu trennen. Er stellte sich an die Vordertür und zeigte sich dem einen als Taube, dem anderen als Krähe. Da sagte der eine: »Siehst du die Taube da?« Der andere darauf: »Das ist doch eine Krähe!« Und sie begannen zu streiten, indem einer dem anderen widersprach, und sie erhoben sich und begannen einen Kampf bis aufs Blut zur größten Freude des Feindes, und sie trennten sich. Nach drei Tagen kamen sie zu sich und besannen sich, warfen sich voreinander zu Füßen, und dann gab ein jeder zu, daß es ein Vogel gewesen sei, was sie gesehen hatten. Sie erkannten die Anfechtung des Teufels und blieben ungetrennt beieinander bis zum Ende.   565

EPILOG

GOTTES FREUNDE

Der Altvater Johannes lehrte: Das vorzügliche Streben eines Mönches sei es, Gott ein reines Gebet zu opfern. So sagt ja auch der Herr im Evangelium: Wenn ihr steht, um zu beten, so vergebt, wenn ihr etwas gegen jemand habt. Wenn ihr aber nicht vergebt, dann wird auch euer Vater im Himmel euch eure Sünden nicht vergeben! (Mk 11,25.26.) Wenn wir also mit reinem Herzen, wie wir eben gesagt haben, und frei von allen Sünden und Leidenschaften vor Gott stehen, dann können wir auch – soweit das für Menschen überhaupt möglich ist – Gott sehen: zwar nicht mit dem leiblichen Auge, doch mit dem Auge der Seele. Niemand glaube, daß er das Wesen der Gottheit anschauen könne oder ein Bild, das einem körperlichen Bild ähnlich ist, machen könne. Von Gott kann man sich kein Bild, keine Zeichnung machen. Gott ist ein Wesen, das unsere Seele berühren, aber das man nicht fassen, nicht malen und nicht beschreiben kann. Darum müssen wir mit Ehrfurcht und heiligem Erschauern zum Herrn hintreten und das innere Auge so auf ihn richten, daß wir allezeit glauben, Er sei weit erhaben über allen Glanz, alle Schönheit, Herrlichkeit und Majestät, die wir mit unserem Gemüt erfassen können. Doch muß unser Herz rein und unser Wille ohne Makel sein. Das soll das Streben derer sein, die der Welt entsagen und Gott folgen wollen, wie geschrieben steht: Seid still und schauet, denn ich bin Gott! (Ps 45,11.) Wenn nun einer, soviel es einem Menschen möglich ist, Gott erkennt, dann wird er auch die anderen Geheimnisse Gottes und die anderen Wesen erkennen. Und je reiner sein Herz ist, um so mehr wird ihm Gott offenbaren und seine Geheimnisse enthüllen. Er wird nun Gottes Freund, wie jene, von denen der Heiland sprach: Ich nenne euch nicht mehr Knechte, sondern Freunde (Joh 15,18), und was er von Gott verlangt, das wird Gott ihm, als seinem lieben Freund, gewähren. (II,1) *966*

Taschenbücher
zum Bedenken und Verschenken

»Texte zum Nachdenken«
Herausgegeben von
Gertrude und Thomas Sartory

Franz von Assisi
Geliebte Armut
Band 630, 128 Seiten, 11. Aufl.

Im Lebenskreis der Armen
Indisch-christliche Spiegelungen
der Hoffnung
Band 892, 128 Seiten

Ein Lied, das nur die Liebe lehrt
Texte der frühen Zisterziensermönche
Band 904, 176 Seiten, 2. Aufl.

Lao-tse
Jenseits des Nennbaren
Sinnsprüche nach dem Tao Te King
von Linde von Keyserlingk
Mit Illustrationen
Band 741, 128 Seiten, 6. Aufl.

Francisco de Osuna
In der Versenkung
Weg und Weisung des kontemplativen Gebetes
Ausgewählt, übersetzt und eingeleitet von Erika Lorenz
Band 938, 144 Seiten, 2. Aufl.

Herderbücherei